KB043104

만원으로 시작하는 비트코인

만원으로 시작하는 비트코인

도서출판 서영

머리말

본서에서는 1만원으로 비트코인 거래를 해봅니다.

이를 위하여 '빗썸'과 '업비트'라는 2개의 비트코인 거래소에서 계좌를 개설하고, 보안 등급을 끌어올려 현금 및 비트코인 입출금이 가능하도록 합니다.

이후, 빗썸에서 기회를 살피다가 비트코인을 매수합니다. 매수후 비트코인의 가격이 상승하면 돈을 좀 벌 것이고(몇 십원정도), 가격이 하락하면 손실을 보게 될 수도 있습니다.

또는, 가격이 올라가면 비트코인을 팔아서 이익을 내고 싶은 마음과 좀 더 기다려서 더 많은 이익을 내고 싶은 마음이 서로 갈등하는 것을 경험할 수 있습니다.

가격이 내려가면 다시 반등할 것을 기대하면서 기다리거나 적당한 선에서 손실을 확정하고 싶은 마음이 서로 싸우는 것을 느낄 수도 있습니다.

빗썸에서 매수했던 비트코인을 다시 매도하여 현금을 확보합니다.

다음에는 빗썸에서 비트코인을 매수하여 이를 업비트로 옮깁니다. 암호화폐의 종류에 따라 옮기는 비용과 시간이 다릅니다. 본서에서는 비용이 싸고, 이체시간이 빠른 리플이라는 코인을 사용합니다.

이처럼 1만원을 투자해서 몇 가지 암호화폐 거래를 해보면 누가 비트코인 이야기를 해도 전문가처럼 대응할 수 있습니다. 재미가 있고, 적성에 맞으면 좀 더 큰 금액을 사용할 수도 있습니다. 또, 마음에 들지 않으면 이제 마음 편하게 암호화폐 투자를 그만 둘 수도 있습니다.

이 책은 그래프와 그림을 많이 사용하여 쉽게 읽을 수 있도록 노력했습니다. 또, 직접 거래를 하지 않고 책만 한 번 읽어도 비트코인 거래를 파악할 수 있도록 하였습니다.

비트코인은 가상통화, 코인 등 여러 가지로 불립니다. 또, 365일 24시간 거래가 진행되며 가격변동에 제한폭이 없으며, 규제, 해킹 등으로 인해 시세가 급변할 수 있습니다.

이러한 비트코인 시장을 이해하는데 본서가 독자 여러분들에게 조그마한 도움이 되기를 바랍니다.

2018년 9월 초 저자 피터 전

차례

제1장 암호화폐 기초

제2장 코인의 종류

제3장 빗썸에서 거래하기

제4장 업비트에서 거래하기

제5장 스마트폰으로 거래하기

만원으로 시작하는 비트코인

제1장 암호화폐 기초

비트코인이 뭐예요?

 비트코인은 2009년 1월 9일에 처음 공개된 암호화폐입니다. 그래서 비트코인은 암호화폐의 대명사처럼 쓰입니다.

 암호화폐란,
 - 교환 수단으로 사용할 수 있고,
 - 디지털 자산이며,
 - 암호화 방법을 사용하여 거래의 안전을 확보하고,
 - 추가적 단위의 생성을 통제하며,
 - 자산의 이전을 인증하는 것을 말합니다.

 비트코인을 만든 이가 사토시(Satoshi)라고 하나, 개인 또는 단체인지도 모르고 국적도 알려지지 않았습니다. 비트코인은 은행과 같은 중간자의 개입없이 전 세계적으로 개인들 간에 자유롭게 송금 등의 금융거래를 할 수 있게 합니다.

 비트코인에서는 계좌를 '지갑'이라고 부르며, 이 지갑을 기반으로 비트코인의 거래가 이루어집니다. 지갑마다 고유한 번호가 있는데 숫자와 영어 알파벳 소문자, 대문자를 조합해 약 30자 정도로 이루어집니다. 한 사람이 여러 개의 지갑을 만들 수 있으며, 개수에 제한은 없습니다. 지갑을 만들 때에는 별도의 프로그램이나 웹사이트를 사용합니다.

 거래장부는 해킹 방지를 위하여 노드(node)라고 부르는 여러 서버에 분산하여 저장합니다.

 비트코인을 발행하는 것을 채굴이라고 하며, 비트코인은 총 2

100만 개만 채굴되도록 설계되어 있습니다. 2018년 8월 29일 현재 약 80%에 해당하는 1723만 개가 발굴되었고, 남은 비트코인은 376만개 정도이며, 2150년 즈음까지 나머지가 모두 발굴될 것으로 예상하고 있습니다.

비트코인 단위는 5가지가 있습니다.

비트코인 한 개를 1 BTC 또는 1 비트코인이라고 하며, 100분의 1 비트코인은 1 센티비트코인, 1천분의 1 비트코인은 1 밀리비트코인, 1백만분의 1 비트코인은 1 마이크로비트코인이고, 1억분의 1 비트코인(0.00000001 BTC)은 1 사토시라고 합니다.

1	1 비트코인
1/100 (0.01)	1 센티비트코인
1/1000 (0.001)	1 밀리비트코인
1/1000000 (0.000001)	1 마이크로비트코인
1/100000000 (0.00000001)	1 사토시

예를 들어, "이거 얼마예요?"라고 물으면 "네, 20 밀리비트코인입니다.", "50 사토시예요." 등과 같이 대답할 수 있습니다.

비트코인 계좌, 즉 지갑을 만들 때 주민등록번호나 실명과 같은 개인 식별 정보는 필요 없으며 어느 국가의 관리도 받지 않아, 어느 정도 익명 거래를 보장한다고 할 수 있습니다. 그러나, 특정 비트코인 지갑의 주인이 누구인지는 몰라도, 이 지갑 번호가 그동안 어느 비트코인 지갑과 언제 거래했는지와 같은 정보는 알 수 있습니다.

즉, 거래자의 비트코인 주소를 찾기만 하면 언제 얼마만큼의 돈을 누구에게로 보냈는지 https://blockchain.info 등에서 누구나

손쉽게 조회해볼 수 있습니다.

　비트코인을 만든 이듬해인 2010년 5월 22일은 처음으로 비트코인을 주고 물건을 산 날입니다. 이날, 라슬로라는 미국의 비트코인 채굴자가 비트코인 1만개를 지불하고 피자 두 판을 샀습니다. 다음은 라슬로가 올린 인증사진으로 딸로 추정되는 여자아이가 피자를 잡으려 손을 뻗는 장면도 담겨있습니다. 그래서 몇몇 사람들이 이날을 '비트코인 피자 데이'로 정했습니다.

　요즘으로 치면 천억 가까이 되는 돈을 날린 안타까운 사건처럼 보이지만, 비트코인 한 개의 가격이 천만원이 넘는 가치까지 가게 된 것은 이와 같은 일들이 있었기 때문일지도 모릅니다.

다음 표는 보유 비트코인 규모별 지갑수량 및 비트코인 수량을 보여줍니다.

지갑 1개당 비트코인 수량	지갑 수량	지갑 수량 %	비트코인 수량	비트코인 수량 %
0 - 0.001	10,858,357	49.09	2,253	0.01
0.001 - 0.01	4,867,219	22.01	19,813	0.11
0.01 - 0.1	3,931,283	17.77	124,941	0.72
0.1 - 1	1,734,975	7.84	561,862	3.26
1 - 10	576,649	2.61	1,512,781	8.78
10 - 100	132,393	0.6	4,369,359	25.35
100 - 1,000	15,056	0.07	3,721,619	21.59
1,000 - 10,000	1,525	0.01	3,359,490	19.49
10,000 - 100,000	120	0	3,100,943	17.99
100,000 - 1,000,000	3	0	461,483	2.68

(출처: https://bitinfocharts.com/top-100-richest-bitcoin-addresses.html)

비트코인의 수량이 0.001개(1만원 정도) 미만인 지갑의 수량이 전체의 50%(49.09) 정도를 차지합니다. 또, 수량이 10만개가 넘는 지갑도 3개나 있습니다.

다음은 지갑에 들어있는 비트코인의 수량이 많은 탑10 지갑 관련 정보입니다.

지갑 위치	비트코인 수량	비트코인 수량 %	입금 횟수	출금 횟수
거래소(Bitfinex)	185,489	1.08	5,304	4,228
거래소(Binance)	168,791	0.98	170	56
거래소(Bittrex)	107,203	0.62	165	67
거래소(Huobi)	98,042	0.57	200	9
거래소(Bitstamp)	97,848	0.57	200	60
개인	85,947	0.50	13	0
개인	79,957	0.46	218	0
개인	73,600	0.43	270	101
개인	69,370	0.40	134	1
개인	66,452	0.39	153	0

(출처: https://bitinfocharts.com/top-100-richest-bitcoin-addresses.html)

가장 많은 것은 지갑 하나에 비트코인이 **185,489**개나 들어 있습니다. 비트코인 1개의 가격을 **7백5십만원**으로 가정할 경우 지갑 하나에 약 **1조4천억원**어치의 코인이 들어있는 셈입니다.

알트코인은 뭔가요?

비트코인 성공이후 수많은 암호화폐가 만들어지고 있으며, 이처럼 비트코인 이외의 모든 암호화폐를 알트코인(altcoin, alternative coin)이라고 합니다.

2018년 8월 29일 현재, 가상 화폐 정보 사이트인 코인마켓캡(https://coinmarketcap.com/)에 집계된 암호화폐의 종류는 1,901개이며, 많은 경우 하루에 10여개 이상의 새로운 암호화폐가 생겨나기도 합니다. 비트코인 외에 시가총액 비율이 큰 코인으로는 이더리움, 리플, 비트코인 캐시, 라이트코인 등이 있습니다.

2018년도 암호화폐별 시가총액 비율 변화는 다음 그림과 같습니다.

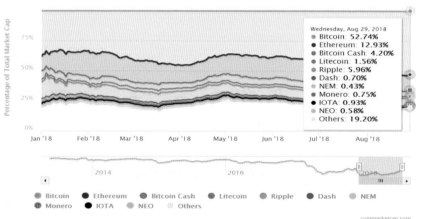

오른쪽의 수치는 2018년 8월 29일 현재 주요 암호화폐별 시가총액 비율입니다.

암호화폐로 돈 버는 방법-제조, 채굴, 거래, 중개

암호화폐는 제조부터 거래까지 매우 다양한 비즈니스 기회가 있으며, 비중이 큰 몇 가지를 나열하면 다음 표와 같습니다.

종류	필요 컴퓨터 기술 수준	내용
암호화폐 제조	고도의 관련기술	암호화폐 만들기
암호화폐 채굴	거의 필요 없음	암호화폐 채굴기, 채굴 사이트 등을 사용하여 암호화폐 채굴하기
암호화폐 거래	필요 없음	암호화폐를 사고 팔아 이익을 남기기
암호화폐 중개	고도의 통합기술	개인이나 기업들이 암호화폐를 거래할 수 있는 사이트를 만들어 운영하기

• 암호화폐 제조는 블록체인 등 관련된 기술의 이해와 컴퓨터 프로그래밍 기술 및 해당 암호화폐가 목표로 하는 시장에 대한 분석 능력이 필요합니다. 능력이 뛰어난 소수의 인원으로도 암호화폐를 만들 수 있지만, 어느 정도 규모의 조직이 이 업무를 수행하는 경우가 많습니다.

• 암호화폐 채굴은 새 암호화폐를 생산해 내는 것을 말하며, 채굴 전용 장비를 구매하여 직접 채굴하거나, 많은 채굴 전용 장비로 이루어진 '채굴 공장'을 차리거나, 이와 같은 시설을 개인들에게 원격 대여하는 방식 등이 있습니다.

• 암호화폐 거래는 일반인들이 가장 많이 참여하는 암호화폐

관련 분야입니다. 주식시장과 같은 상하한 가격 변동 제한폭이 없고, 일년내내 24시간 전세계에서 거래가 이루어집니다.

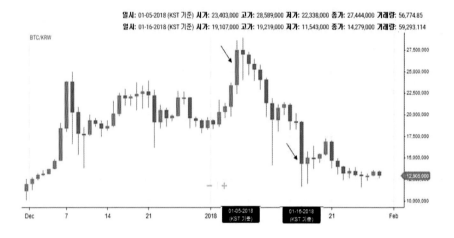

일시: 01-05-2018 (KST 기준) 시가: 23,403,000 고가: 28,589,000 저가: 22,338,000 종가: 27,444,000 거래량: 56,774.85
일시: 01-16-2018 (KST 기준) 시가: 19,107,000 고가: 19,219,000 저가: 11,543,000 종가: 14,279,000 거래량: 59,293.114

그림은 업비트라는 거래소의 비트코인 원화가격변동을 캔들(c andle) 차트로 표시한 것입니다. 예를 들어, 2018년 1월 5일 새벽 0시에 23,403,000원(시가)의 가격으로 비트코인 1개를 매수했다고 가정해 보겠습니다. 이날은 종가가 시가보다 더 높으므로 가격이 상승했습니다. 가격이 저가인 22,338,000원에 도달했을 때 더 하락할 수도 있다는 판단으로 매도를 했다면 몇시간만에 투자금 대비 4.55%인 1,065,000원의 손실을 보게 됩니다.(거래 수수료를 포함하면 손실폭이 좀 더 늘어납니다.) 반대로 고가인 28,589,000원에서 매도를 했다면 몇 시간 만에 투자금 대비 22.16%인 5,186,000원의 수익을 보게 됩니다.(거래 수수료를 포함하면 이익폭이 좀 더 줄어듭니다.) 저점에서는 추가 하락의 공포를 극복하고, 고점에서는 추가 상승을 기대하면서 하룻동안

존버(기다림)하고 24시간 후에 매도를 했다면, 하루 만에 투자금 대비 **17.27%**인 **4,041,000원**의 수익을 보게 됩니다.

이번에는, 2018년 1월 16일 새벽 0시에 **19,107,000원**(시가)의 가격으로 비트코인 1개를 매수했다고 가정해 보겠습니다. 이날은 종가가 시가보다 더 낮으므로 가격이 하락한 날입니다.

가격이 저가인 **11,543,000원**에 도달했을 때 매도를 했다면 몇 시간 만에 투자금 대비 **39.59%**인 **7,564,000원**의 손실을 보게 됩니다. 반대로 고가인 **19,219,000원**에서 매도를 했다면 몇 시간 만에 투자금 대비 **0.59%**인 **112,000원**의 수익을 보게 됩니다.(매수 및 매도 수수료를 차감하면 수익이 거의 없습니다.) 하룻동안 기다린 후 매도를 했다면, 하루 만에 투자금 대비 **25.27%**인 **4,828,000원**의 손실을 입게 됩니다.

이처럼 암호화폐는 각국 정부의 정책과 시장 상황 변화에 따른 가격의 등락이 심하므로 이를 감안한 거래 전략을 구사하여야 합니다.

• 암호화폐 거래소는 증권거래소와 같이 정부에서 지정한 곳이 없고, 신고만으로 만들 수 있습니다. 그러나, 거래를 위한 사이트를 구축하기 위해서 이를 위한 기술 및 프로그램을 제공하는 업체와 제휴를 해야 하는 경우가 대부분입니다.

ICO가 뭐예요?

ICO(Initial Coin Offering, 암호화폐공개)는 암호화폐를 유통하기 전에 미리 일부를 발행하여 자금을 확보하는 것을 말합니다. 주식시장에 상장하는 IPO(기업공개)와 유사하지만 암호화폐를 사용한다는 것이 큰 차이점입니다.

암호화폐 발행 예정자는 자금 조달을 위해 투자자들을 모집합니다. 이 과정에서 발행자는 암호화폐 발행 프로젝트에 대한 세부 내용을 담은 백서를 투자자들에게 공개합니다. 투자자들은 투자금을 지불하고, 새로운 암호화폐를 지급받게 됩니다.

발행자는 ICO를 통해서 확보한 자금을 바탕으로 암호화폐 발행 프로젝트를 진행합니다. ICO는 기업들이 가장 쉽게 초기 자본을 만들 수 있는 방법입니다. 그리고, 일반 투자자들이 초기에 암호화폐에 투자를 할 수 있어 장점이 많은 자금 조달 방법입니다. 그러나, 제대로 만들어지지 않은 암호화폐로 ICO를 진행하는 등의 위험이 발생할 수 있습니다.

우리나라에서는 ICO가 금지되어 있습니다.

포크가 뭐예요?

포크(fork)란 하나의 암호화폐를 포크와 같이 두 갈래로 나누는 것을 의미합니다. 포크를 하면 하나의 암호화폐가 이전 것과 새로운 것으로 나누어집니다. 이전 버전의 암호화폐에서 보안상 취약점을 발견하거나, 새로운 기능을 추가 또는 개선하려 할 때 포크를 합니다. 포크는 소프트 포크(soft fork)와 하드 포크(hard fork)로 구분할 수 있습니다.

소프트 포크는 새로운 버전이 이전 버전과 호환이 되게 만드는 것입니다. 즉, 새로운 버전으로 업그레이드하지 않아도 거래를 승인하는 등의 작업을 수행할 수 있습니다. 그러나, 새로운 기능이 제공되지 않으므로 결국 모두 새로운 버전으로 업그레이드하게 됩니다. 따라서, 소트프 포크는 일부 기능을 개선한 암호화폐의 점진적인 업그레이드 방식으로, 암호화폐의 가격에는 큰 영향을 미치지 않습니다.

하드 포크는 이전 버전과 호환이 되지 않는 전혀 새로운 버전의 암호화폐를 만드는 것입니다. 즉, 새로운 버전으로 업그레이드하지 않으면 거래를 승인하는 등의 작업을 수행할 수 없습니다. 하드포크로 인해 신규 암호화폐가 만들어지기도 하는데, 이는 암호화폐 가격에 큰 영향을 미칩니다.

연이은 비트코인 '하드포크', 또다른 호재로 작용하나

비트코인이 선물 거래로 제도권 금융에 진입했을 뿐만 아니라 하드포크라는 일정도 예정돼 있어 앞으로 가격에 어떤 영향을 미칠지 주목된다. 11일 NH투자증권에 따르면 이달에 비트코인 플래티넘, 슈퍼비트코인, 비트코인 실버, 비트코인 우라늄, 내년 1월에는 비트코인 캐시 플러스의 하드포크가 예정돼 있다.

하드포크(Hard Fork)는 블록체인을 기반으로 한, 하나의 암호 화폐가 분리돼 새 화폐가 갈라져 나오는 과정을 가리킨다. 기존 암호 화폐의 업그레이드 과정에서 이해관계자들의 의견이 갈려 기존 암호 화폐와 다른 새 화폐가 나오게 된다. 이런 과정을 거쳐 비트코인에서 비트코인 캐시(8월 1일), 비트코인 골드(10월 24일)가 나왔다.

비트코인에서 최초로 비트코인 캐시가 분리되는 움직임이 보일 당시인 올 7월에 하드포크에 대한 불확실성 때문에 비트코인 가격이 하락했다. 하지만 실제 분리가 되고 나서 불확실성 요인이 사라지고 새로운 코인의 배당이라는 이익까지 더해지며 비트코인 가격은 상승했다. 새로운 코인이 생겨나면 기존 비트코인 보유자는 비트코인 보유량에 따라 새 코인을 받는다. 공짜로 신규 코인이 생기는 셈이다.

최창규 NH투자증권 연구원은 "비트코인의 최초 하드포크는 불확실성의 요인이었다"며 "투자자들의 불안 심리를 자극하면서 가격 조정을 이끌었지만 하드포크가 완성된 후 가격이 오른 경험이 있었기 때문에 이제 하드포크는 상승요인으로 자리 잡았다"고 말했다. 실제 비트코인 캐시가 분리되고서 한달간 비트코인은 80% 가까이 올랐다.

(출처: 연합뉴스, 2017/12/11)

채굴과 블록체인

채굴은 분산된 장부에 거래 내역을 기록하는 과정이고, 거래 내역 원장을 블록체인이라 합니다. 거래 내역을 기록하면 그 보상으로 암호화폐를 획득하기 때문에 채굴이라고 합니다. 같은 네트워크 내에서 너무 많은 사람이 장부 기록을 원할 경우 한 명을 지목해야 하는데, 이를 위해서 수학문제를 이용합니다.

즉, 다수가 장부 기록을 원하면 문제를 풀도록 해 가장 먼저 해결하는 사람에게 권한을 줬습니다. 또, 거래내역이 늘어날수록 풀어야할 수학문제는 더 복잡해지기 때문에 코인의 채굴도 따라서 어려워집니다. 수학문제는 지갑과 물건가격, 상점 등 거래정보를 해시함수로 32자리의 16진수 숫자로 바꾸는 것입니다. 해시함수는 어떤 정보를 입력해도 일정한 길이의 문자열로 바꿔주는 함수를 말합니다.

블록체인은 거래정보를 암호화해 구성원들끼리 공유하는 분산된 장부입니다. 만약, 5,000명이 참여해 거래를 기록하고 있다면 이 5,000명은 참여자들의 모든 거래내역을 기록한 장부를 모두 각자 보관하고 있습니다.

거래가 이뤄지면 그 거래내역은 하나의 블록에 담깁니다. 특정한 시간 간격으로 여러 거래내역을 모아 블록을 만들고, 모든 거래기록이 담긴 기존의 블록들과 연결됩니다. 이처럼 체인과 같이 블록들이 연결되어 있어 블록체인이라고 부릅니다.

김치 프리미엄과 재정거래

암호화폐 거래소는 각자 별개의 시장을 형성합니다. 따라서, 각 거래소별로 코인의 가격이 서로 다른 경우가 많습니다. 외국보다 우리나라 거래소의 코인 가격이 더 비싼 것을 '김치 프리미엄'이라고 하며, 반대로 외국이 더 비싼 경우를 '역 프리미엄'이라고 합니다.

다음 그림은 2018년 8월 28일 - 31일 사이의 김치프리미엄 변화 차트입니다.

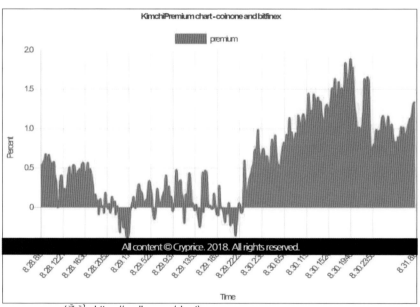

(출처: https://scolkg.com/chart)

김치프리미엄이 **2%**이하이고, 역프리미엄도 발생하는 것을 확인할 수 있습니다.

김치프리미엄이 발생하면 해외에서 코인을 사서 한국에서 판매하면 이익이 발생하고, 반대로 역프리미엄시에는 한국에서 구매 후 외국에서 판매하면 이익이 생깁니다. 이처럼 거래소간 코인의 가격차에 의한 이익을 추구하는 거래를 재정거래라고 합니다.

코인 거래소

코인의 매매를 중개하는 곳을 코인 거래소라고 합니다. 특정 코인 거래소에서 특정한 암호화폐 매매 중개를 시작하는 것을 상장이라고 하며, 상장된 코인중 문제가 있는 것들은 퇴출되기도 합니다.

비교적 엄격한 법률을 따라야 하는 증권거래소와 달리 코인 거래소는 설립을 규제하는 법률이 없어 쉽게 만들 수 있고, 해킹 등의 사고발생시 문을 닫을 수도 있습니다. 2018년 1월초 전 세계 코인 거래소의 거래량 순위는 다음과 같습니다. 우리나라의 거래소인 업비트가 1위, 빗썸이 4위입니다.

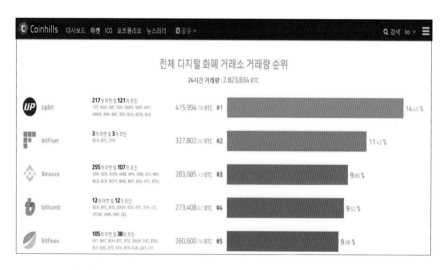

(출처: https://www.coinhills.com/ko/market/exchange/)

그러나, 엄청난 코인 투자 열기를 가라앉히기 위하여 특정 거래소에 대한 신규 입금용 가상계좌 발급 금지 등 여러 가지 제약이 가해졌고, 2018년 9월 1일 현재의 전세계 코인 거래소 거래량 순위는 다음과 같이 많은 변화가 생겼습니다.

　우리나라 거래소인 빗썸, 업비트, 코인원, 코빗, 고팍스 등이 전세계 100위 이내에 있기는 하나 과거에 비해 순위가 많이 떨어졌습니다. 현재 상위를 차지하고 있는 해외 거래소들은 저렴한 거래수수료와 코인 가격 하락시에도 수익을 올릴 수 있는 마진 거래(코인 가격 상승시에도 큰 손실을 볼 수 있음) 등의 다양한 상품 제공 등을 무기로 삼고 있습니다.
　하지만 해외거래소는 투자자를 보호할 장치가 없는 경우가 많습니다. 예를 들어, 입출금이 며칠씩 지연돼도 오프라인 민원센터가 없어 확인할 길이 없습니다. 투자자 개인들의 각별한 주의가 필요합니다.

전체 디지털 화폐 거래소 거래량 순위

24시간 거래량 : 2,948,305 BTC

	거래소	마켓/코인	거래량	순위	비율
	BitForex	**135**개 마켓 및 **92**개 코인: ABL, ABYSS, ACT, AIDOC, AION, AUTO, BCH, BTC, CMCT, CRE, CTXC, DATA, DCC, DENT,	630,905.02 BTC	#1	21.17 %
	BitMEX	**2**개 마켓 및 **2**개 코인: ETH, XBT	523,438.29 BTC	#2	17.56 %
	bitFlyer	**3**개 마켓 및 **3**개 코인: BCH, BTC, ETH	454,449.43 BTC	#3	15.25 %
	Binance	**380**개 마켓 및 **146**개 코인: ADA, ADX, AE, AGI, AION, AMB, APPC, ARDR, ARK, ARN, AST, BAT, BCD, BCH,	170,062.21 BTC	#4	5.71 %
	OKEx	**574**개 마켓 및 **188**개 코인: 1ST, ABT, ACT, ADA, AE, AIDOC, AMM, ARDR, ARK, AST, ATL, AUTO, AVT, BCD,	117,810.14 BTC	#5	3.95 %
	ZB.COM	**207**개 마켓 및 **72**개 코인: 1ST, ADA, AE, BAT, BCC, BCD, BCH, BCX, BITCNY, BTC, BTM, BTN, BTP, BTS, CDC,	103,765.98 BTC	#6	3.48 %
	Huobi	**283**개 마켓 및 **124**개 코인: ABT, ACT, ADA, ADX, AIDOC, APPC, AST, BAT, BCD, BCH, BCX, BFT, BIX, BLZ, BOX,	88,769.84 BTC	#7	2.98 %
	Coinzest	**59**개 마켓 및 **21**개 코인: BCH, BTC, CO2, ETC, ETH, IOST, KST, LTC, MITH, MWAT, OMG, POWR, QTUM, REP,	74,387.46 BTC	#8	2.50 %
	Bitfinex	**273**개 마켓 및 **90**개 코인: AGI, AID, ANT, ATM, AVT, BAT, BCH, BFT, BNT, BTC, BTG, CFI, CND, CTX, DAI, DASH,	53,945.40 BTC	#9	1.81 %
	bithumb	**43**개 마켓 및 **43**개 코인: ADA, AE, BCH, BTC, BTG, CMT, CTXC, DASH, ELF, EOS, ETC, ETH, ETHOS, GNT, GTO,	49,361.94 BTC	#10	1.66 %
	Upbit	**272**개 마켓 및 **151**개 코인: ADA, ADT, ADX, AID, AMP, ANT, ARDR, ARK, BAT, BAY, BCH, BCPT, BFT, BITB, BLK,	22,053.49 BTC	#22	0.74 %
	Coinone	**16**개 마켓 및 **16**개 코인: BCH, BTC, BTG, DATA, EOS, ETC, ETH, IOTA, KNC, LTC, OMG, QTUM, XRP, XTZ, ZIL, ZRX	2,766.13 BTC	#54	0.09 %
	Korbit	**8**개 마켓 및 **8**개 코인: BCH, BTC, BTG, ETC, ETH, LTC, XRP, ZIL	1,544.11 BTC	#61	0.05 %
	GOPAX	**50**개 마켓 및 **32**개 코인: ANT, BAT, BCH, BTC, CND, CVC, ELF, ENG, EOS, ETH, GNT, IOST, KNC, LOOM, LTC,	995.40 BTC	#73	0.03 %

제2장 코인의 종류

시가총액인 큰 코인들

　코인마켓캡(https://coinmarketcap.com/) 사이트에 접속하면 다음과 같이 전세계에서 판매되는 코인의 시가 총액을 확인할 수 있습니다. (2018년 8월 29일)

시가총액에 의한 최고 100 암호화폐

Rankings ▾	관심 목록				KRW ▾	다음 100 →	모두
#	이름	가격	변경	시가총액	공급	거래량	
1	₿ BTC Bitcoin	₩7,794,182	-1.02%	₩134.36 조	17.24 백만	₩4.68 조	
2	♦ ETH Ethereum	₩321,857	-1.39%	₩32.71 조	101.63 백만	₩1.66 조	
3	✕ XRP XRP	₩383.24	-2.04%	₩15.18 조	39.62 십억 *	₩326.57 십억	
4	▣ BCH Bitcoin Cash	₩615,174	-2.11%	₩10.65 조	17.32 백만	₩360.41 십억	
5	◊ EOS EOS	₩6,852.20	5.89%	₩6.21 조	906.25 백만 *	₩1.05 조	
6	★ XLM Stellar	₩252.06	-2.68%	₩4.73 조	18.77 십억 *	₩73.93 십억	
7	Ⓛ LTC Litecoin	₩68,286.33	-1.79%	₩3.96 조	58.06 백만	₩253.30 십억	
8	⊤ USDT Tether	₩1,110.61	0.27%	₩3.09 조	2.78 십억 *	₩3.43 조	
9	☼ ADA Cardano	₩115.42	-1.15%	₩2.99 조	25.93 십억 *	₩94.56 십억	
10	⚜ MIOTA IOTA	₩816.46	-4.47%	₩2.27 조	2.78 십억 *	₩112.40 십억	

코인의 시가총액 순위는 시간대별로 다르고, 각 거래소별로 다릅니다.

예를 들어, 비슷한 시각에 업비트(https://upbit.com)라는 국내 거래소의 거래대금 순위는 다음과 같습니다.

원화거래	BTC	ETH	USDT	보유코인
한글명 ⇅		현재가 ⇵	전일대비 ⇵	거래대금 ⇵
☆ 이오스 EOS/KRW		6,895	+5.43%	71,057백만
☆ 비트코인 BTC/KRW		7,808,000	-0.40%	42,279백만
☆ 에이다 ADA/KRW		115	-1.71%	27,493백만
☆ 트론 TRX/KRW		28.50	-4.04%	18,324백만
☆ 이더리움 ETH/KRW		322,050	-1.51%	17,271백만
☆ 리플 XRP/KRW		384	-1.29%	17,042백만
☆ 그로스톨코인 GRS/KRW		708	-1.53%	12,894백만
☆ 온톨로지 ONT/KRW		2,850	-8.36%	5,742백만
☆ 비트코인캐시 BCH/KRW		617,800	-1.20%	5,599백만
☆ 퀀텀 QTUM/KRW		5,365	+1.13%	5,273백만

그러나, 대체로 비트코인, 이더리움, 리플이라는 세 개의 코인
이 시가총액 순위의 앞자리를 차지합니다.

비트코인(Bitcoin)

심볼	BTC, XBT
발표 연도	2009년
현재 발행량	17,239,425 BTC
최대 발행량	21,000,000 BTC
웹사이트	https://bitcoin.org

비트코인은 최초의 암호화폐이며, 전체 암호화폐의 시가총액에서 비트코인의 비중이 30%를 초과할 정도로 압도적입니다. 따라서, 코인 중에서 유동성이 높아 많은 양의 거래를 하기에 적합합니다. 비트코인은 다른 암호화폐를 거래할 수 있는 기축 암호화폐로 사용되고 있습니다.

시카고선물거래소(CME)에서 비트코인 선물을 2017년 12월 18일 상장하였습니다. 2017년 8월 1일 비트코인 캐시(Bitcoin Cash)라고 하는 하드 포크가 생성되었고(비트코인에서 파생된 새로운 코인이 생성됨), 11월 12일 또 다른 하드 포크 비트코인 골드(Bitcoin Gold)가 만들어졌습니다.

2014년 채굴 사이트 Ghash.io에서 비트코인 네트워크의 51%

를 제어할 수 있는 성능을 얻었고, 이로 인해 네트워크의 안전
성에 대한 논쟁이 있었습니다.

사이트는 자발적으로 능력을 **39.99%**로 제한했습니다.

비트코인의 시가총액(단위: **10**억), 가격(달러), 거래량의 변화
는 다음과 같습니다.

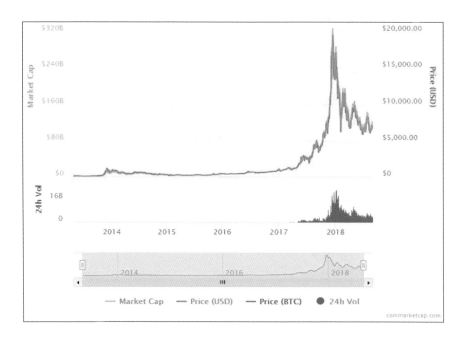

이더리움(Ethereum)

심볼	ETH
발표 연도	2015년
현재 발행량	101,641,600 ETH
최대 발행량	정해지지 않음
웹사이트	https://www.ethereum.org

　이더리움은 블록체인 기술을 기반으로 스마트 계약 기능을 구현하기 위한 컴퓨팅 플랫폼입니다. 이더리움이 제공하는 암호화폐가 이더(Ether)이며, 현재 시총 2위의 가장 대표적인 알트코인입니다.

　이더리움은 비탈릭 부테린(Vitalik Buterin)이 개발하였습니다. 비탈릭 부테린은 블록체인에 화폐 거래 기록뿐 아니라 계약서 등의 추가 정보를 기록할 수 있다는 점에 착안하여, SNS, 이메일, 전자투표 등 다양한 정보를 기록하는 시스템을 만들었습니다. 이더리움을 사물 인터넷(IoT)에 적용하면 기계간 직접적인 금융거래도 가능해집니다.

2016년 6월 이더리움을 사용한 시스템에 대한 해킹 사건이 발생한 후, 기존 이더리움에 대한 하드포크를 진행하여 이더리움이 두 가지 버전으로 분리되었습니다. 이 중 구 버전을 '이더리움 클래식'이라고 부르고, 신 버전을 '이더리움'이라고 부릅니다. 이더리움의 시가총액, 가격, 거래량의 변화는 다음과 같습니다.

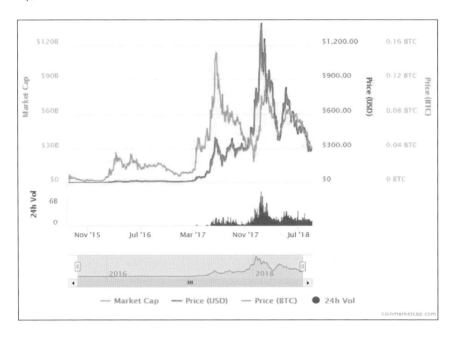

리플(Ripple)

심볼	XRP
발표 연도	2012년
현재 발행량	39,650,153,121 XRP
최대 발행량	99,991,852,985 XRP
웹사이트	https://ripple.com

리플은 국제적인 결제, 환전 및 송금을 거의 실시간으로 할 수 있게 합니다. 리플을 사용하면 미국달러(USD)로 송금한 돈을 비트코인, XRP 또는 다른 통화로 돈을 받을 수 있습니다.

2018년 9월 1일 현재 리플은 전체 암호화폐 중에서 시총 3위 입니다.

채굴하지 않고 네트워크의 멤버들이 동의하여 거래를 입증하는 방식을 사용하며, 결과적으로 중앙집중식의 교환소를 사용하지 않고, 채굴에 소요되는 전기 소비를 줄이며, 거래의 속도도 더 빠릅니다. 리플을 사용하면 은행들은 특별한 비용 없이 자금을 이체할 수 있습니다.

리플의 장점중 하나는 빠른 송금시간입니다. 비트코인은 송금

시간이 보통 **10**분 이상이지만 리플은 **3**초밖에 걸리지 않습니다.
리플의 시가총액, 가격, 거래량의 변화는 다음과 같습니다.

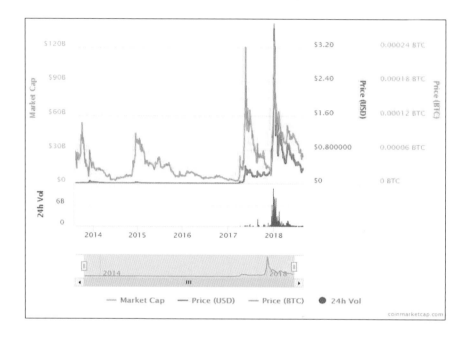

비트코인 캐시(Bitcoin Cash)

심볼	BCH, BCC, XBC
발표 연도	2017
현재 발행량	17,320,488 BCH
최대 발행량	21,000,000 BCH
웹사이트	https://www.bitcoincash.org

비트코인 캐시는 2017년 8월 1일에 생성되었으며, 비트코인의 하드 포크입니다. 기존 비트코인 코드는 블록당 최대 1MB의 데이터, 초당 3거래로 제한이 있었습니다. 비트코인 캐시는 블록 사이즈를 거래를 기록하기에 충분한 용량인 8MB로 증가시켰습니다.

기존의 비트코인의 상황과는 다르게, 비트코인 캐시에는 전속된 개발자가 없으며, 다양한 독립적인 개발자들이 작업을 수행하고 있습니다.

비트코인 캐시의 시가총액, 가격, 거래량의 변화는 다음과 같습니다.

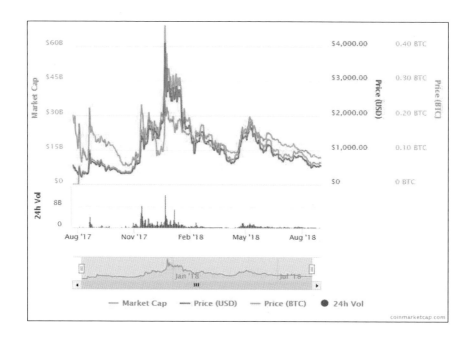

라이트코인(Litecoin)

심볼	LTC
발표 연도	2011
현재 발행량	58,067,654 LTC
최대 발행량	84,000,000 LTC
웹사이트	https://litecoin.com

라이트코인은 비트코인 코어 클라이언트의 포크여서 비트코인과 유사한 방식으로 운영되는 암호화폐이며, 2011년 10월 메사추세츠 공과대학(MIT)을 졸업한 구글 출신의 찰리 리(Charlie Lee)가 개발하였고, 현재는 라이트코인 코어 개발 팀이 개발업무를 수행하고 있습니다. 기술 세부 사항은 비트코인과 거의 동일합니다 .

비트코인이 최대 채굴량이 약 2,100만 개인 것에 비해 라이트코인은 약 8,400만 개로 4배가 많으며 채굴이 간편합니다. 거래 속도가 평균 2분 30초로, 10분 정도 걸리는 비트코인보다 4배가 빠른 것으로 알려져 있습니다.

라이트코인의 시가총액, 가격, 거래량의 변화는 다음과 같습니다.

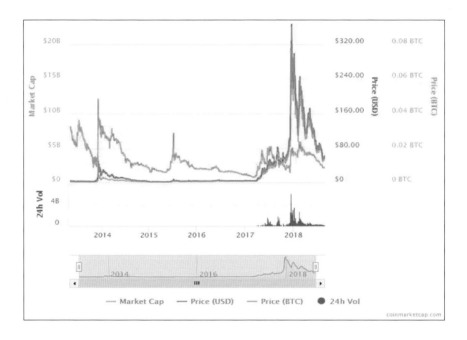

이오스(EOS)

심볼	EOS
발표 연도	2017
현재 발행량	906,245,118 EOS
최대 발행량	1,006,245,120 EOS
웹사이트	https://eos.io

  EOS.IO는 분산 응용프로그램 및 분산된 자치 회사의 배포를 위한 스마트 계약 플랫폼으로 작동하는 블록체인입니다 .

  2017년에 발표 된 백서를 기반으로 한 EOS.IO 플랫폼은 현재 민간기업인 block.one이 2018년 6월 1일 오픈 소스 소프트웨어로 개발하기 위해 개발 중입니다. 플랫폼의 목표는 비트코인이나 이더리움과 같은 블록 체인의 확장성 문제를 해결하고 사용자에 대한 모든 비용을 없애는 스마트 계약 및 분산 스토리지 엔터프라이즈 솔루션을 제공합니다.

  EOS는 최초의 분산형 운영 체제를 목표로 하며, Steemit과 같은 분산 애플리케이션을 위한 개발 환경을 제공합니다 .

　EOS는 소유자가 투표를 하고 소유자의 지분에 비례하여 블록 체인의 온체인 활동에 참여할 수도 있습니다.

　가장 큰 장점은 빠른 트랜잭션 처리와 더불어 사용자는 수수료를 지불하지 않고 개발자가 이오스를 지불하는 특성을 지니고 있게 된다는 점입니다.

　이오스의 시가총액, 가격, 거래량의 변화는 다음과 같습니다.

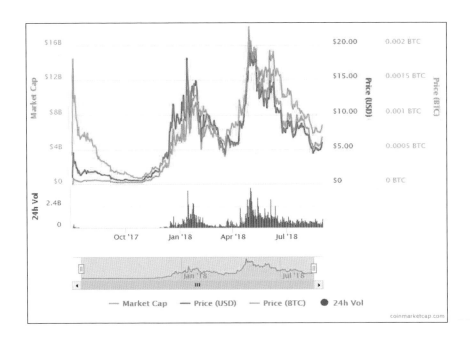

에이다(ADA)

심볼	ADA
발표 연도	2017년
현재 발행량	25,927,070,538 ADA
최대 발행량	31,112,483,745 ADA
웹사이트	https://www.cardano.org/en/home/

　에이다(ADA)는 IOHK에서 개발한 카르다노(Cardano) 플랫폼에서 사용하는 암호화폐이며, 대표자는 전 이더리움 CEO였던 찰스 호스킨슨(Charles Hoskinson)입니다.

　카르다노는 모바일에서 최적화된 금융 애플리케이션을 위한 스마트 컨트랙트 플랫폼으로, 개발도상국 등에 존재하는 30억 명 이상의 사람들이 신분증 없이도 재화나 자산 관련된 혜택을 누리게 하는 게 목표입니다. 에이다, 카르다노 또는 아다로 발음합니다.

카르다노 개발에는 카르다노 재단, IOHK(Input Output HongK ong) 및 Emurgo 세 가지 조직이 관여하고 있습니다. 카르다노 재단은 프로젝트 비전을 수립하고 기술을 홍보하며 커뮤니티를 구축하고, IOHK는 카르다노의 연구 및 개발 업무를 담당하며, E murgo는 카르다노 블록체인 기술을 업무용 비즈니스에 통합하는 일을 하고 있습니다.

에이다의 시가총액, 가격, 거래량의 변화는 다음과 같습니다.

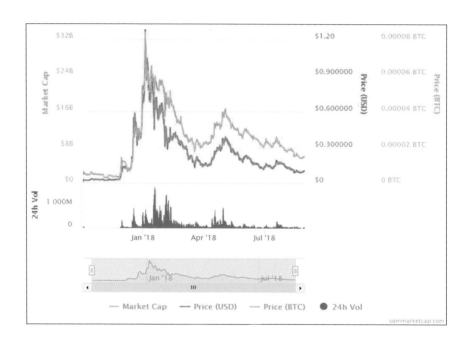

트론(Tron)

심볼	TRX
발표 연도	2017년
현재 발행량	65,748,111,645 TRX
최대 발행량	99,000,000,000 TRX
웹사이트	https://tron.network

트론(Tron)은 핵심 인프라를 만들어 인터넷의 분산화 촉진을 목표로 합니다.

트론의 제품 중 하나인 TRON 프로토콜은 분산앱을 위한 블록체인 기반의 운영체제 중 하나입니다. 이를 사용하여 분산 앱을 위한 고성능, 확장정 및 가용성을 지원합니다.

또한, 트론은 콘텐츠 생산 및 보급을 위한 자금 모집을 개인이 직접 할 수 있게 합니다. 트론의 창립자 겸 CEO는 저스틴 선(Justin Sun)입니다.

트론의 시가총액, 가격, 거래량의 변화는 다음과 같습니다.

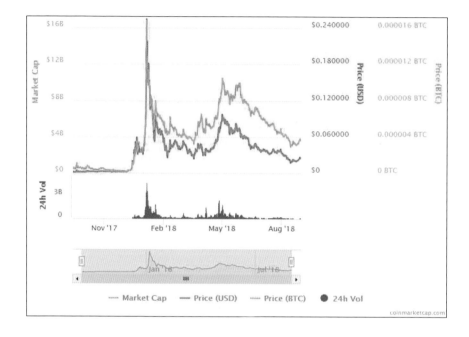

스텔라 루멘(Stellar)

심볼	XLM
발표 연도	2014년
현재 발행량	18,773,314,334 XLM
최대 발행량	104,244,271,426 XLM
웹사이트	https://www.stellar.org/

　스텔라루멘은 리플에서 하드포크하여 개발되었으며, 스텔라 재단에서 운용하고 있습니다.

　리플의 업그레이드 버젼이라고도 하며, 리플이 기업 간의 자금송금을 목적으로 하고 있는 반면 스텔라루멘은 개인 간의 거래를 쉽게 하고자 만들었습니다.

　스텔라루멘은 지갑간 송금 비용이 저렴하며, 전송속도도 빠릅니다. 스텔라 루멘의 시가총액, 가격, 거래량의 변화는 다음과 같습니다.

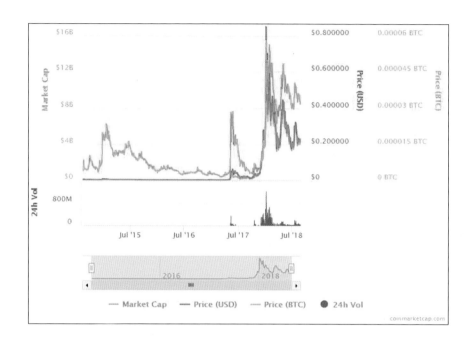

퀀텀(Qtum)

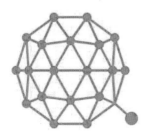

심볼	QTUM
발표 연도	2016
현재 발행량	88,852,544 QTUM
최대 발행량	100,852,544 QTUM
웹사이트	https://qtum.org

퀀텀은 비트코인과 이더리움과 같은 주요 암호화폐의 상호 운용성을 촉진하고 스마트 계약을 보다 안전하고 쉽게 처리할 수 있도록 설계된 블록체인 기술이면서 암호화폐입니다. 퀀텀은 싱가포르 기반 퀀텀 재단에 의해 개발 중이며, CEO는 패트릭 대이(Patrick Dai)입니다.

퀀텀은 분산된 앱을 구축하는데 중점을 둡니다. 특히 모바일 장치에서 실행될 수 있는 솔루션을 개발하려고 합니다. 이러한 모든 애플리케이션은 기존 블록체인 생태계와도 호환되어야합니다.

퀀텀은 수정된 비트코인 코어 인프라와 약간 변경된 이더리움 가상머신 버전을 사용합니다. 결과적으로, 퀀텀을 사용하면 비트코인 블록체인 기술의 신뢰성과 이더리움 스마트 계약 기술을 활용할 수 있게 됩니다.

퀀텀의 시가총액, 가격, 거래량의 변화는 다음과 같습니다.

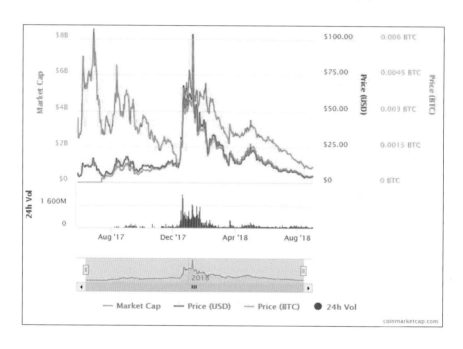

테더(Tether)

심볼	USDT
발표 연도	2015
현재 발행량	2,782,140,336 USDT
최대 발행량	3,080,109,502 USDT
웹사이트	https://tether.to

테더는 Tether Limited에서 발행하는 암호화폐로 미국 달러화 (USD)와 동일한 가치를 가집니다. 결과적으로 전세계 주요 암호화폐 거래소에서 테더를 실물 달러 대신에 달러처럼 기축통화로 사용하고 있습니다. 즉, 많은 암호화폐를 테더로 매매할 수 있으며, 암호화폐를 테더로 교환하여 보관하고 있으면 비트코인 가격의 등락에 영향을 받지 않게 됩니다.

즉, 1테더는 1달러로 그 가치가 고정되어 있습니다. 변동성이 극심한 암호화폐 투자에 있어서, 가치가 비교적 안정적인 암호화폐가 있다면 그것을 베이스캠프 삼아 단타 거래를 더욱 안정적으로 할 수 있는데 그 수요를 충족시켜 주는 것이 테더입니다.

테더 발행사와 홍콩의 거래사이트인 비트파이넥스(Bitfinex)는 최고경영자(CEO)가 네덜란드 출신으로 같은 사람입니다.

Tether Limited의 회사 법인은 버진 아일랜드에 등록되어 있으며 사무실은 홍콩에 있습니다. 발행사는 발행한 테더와 동일한 액수의 달러가 은행에 예치되어 있다고 하나, 테더가 실물 화폐 없이 발행된다는 의심을 받고 있습니다.

전세계 주요 거래소들이 달러 대신 테더를 기축통화로 쓰고 있으므로 실물 달러 없이 테더 허위 발행으로 암호화폐 가격이 거품이 끼었다는 주장이 많습니다. 실제로 출금이 되지 않는 암호화폐는, 테더 사기설처럼 실제로 존재하지 않는 코인을 가지고 거래소를 운영한다고 주장하는 경우도 있습니다. 거래소가 실물 코인을 보유하고 있으면 당연히 출금도 가능해야 하기 때문입니다.

현재 테더에 대한 의심의 핵심은 테더 발행사가 달러 없이 테더를 발행했다는 것입니다. 즉, 모든 소유자들이 발행사에 테더의 현금인출을 요구할 경우, 약속된 금액을 받지 못한다는 것입니다.

그러나, 테더사가 워싱턴에 소재한 법무법인 FSS에 의뢰하여 조사한 2018년 6월 1일 현재의 은행 예치금액과 테더 발행량은 다음과 같다고 홈페이지에 공시되어 있습니다.

은행 예치금액: $2,545,067,236.82USD

테더 발행금액: $2,538,090,823.52USD

테더가 아직 $6,976,413.30USD 만큼 더 발행 할 수 있는 여유가 있다는 이야기입니다.

이런 코인들도 있어요

아직, 시가총액이 크지는 않지만 나름 역할을 하고 있는 코인 몇 가지를 살펴보겠습니다.

게임 크레딧츠(GameCredits)

- 심볼: GAME
- 웹사이트: https://gamecredits.com

게임 크레딧츠는 전세계 26억 게이머들을 목표로 개발한 암호화폐이며, 이를 사용하면 게이머나 게임 개발자들이 게임이나 게임 아이템을 신용카드보다 더 빠르고, 안전하고, 은밀하게 거래할 수 있습니다.

메디블록(MediBloc)

- 심볼: MED
- 웹사이트: https://medibloc.org

메디블록은 여러 기관에 흩어져있는 의료정보뿐만 아니라 스마트폰을 포함한 여러 기기를 통해 생산되는 모든 의료정보를 안전하게 통합하여 관리할 수 있게 합니다. 의료소비자는 자신의 의료정보에 대한 접근권한을 상대에 따라 다르게 설정할 수 있고, 이를 통해 본인의 의료정보에 대한 완전한 소유권과 권리 행사를 할 수 있게 됩니다.

의료 공급자는 의료 소비자의 동의하에 의료기록을 남길 수 있고, 다른 참여자의 의료정보를 얻고자하는 개인, 연구기관 또는 기업의 경우에는 대상자의 승인을 얻음으로써 필요한 의료정보를 얻을 수 있습니다. 또한, 소프트웨어 개발자는 메디블록이 제공하는 API와 SDK를 이용해 다양한 의료정보 기반 서비스를 만들 수 있습니다.

메디블록은 플랫폼에서 사용될 암호화폐인 MED를 발행해 이를 중심으로 플랫폼 내 경제 생태계를 구축합니다. 메디블록 플랫폼 생태계에 기여하는 참여자는 그 기여도에 따라 MED를 활용해 보상을 받게 되는데, 의료 소비자뿐만 아니라 의료정보의 생산에 기여한 의료 공급자도 기여 정도에 따라 정당한 보상을 받을 수 있습니다. MED는 또는 메디블록과 연계된 여러 기관에서 의료비, 약제비, 보험료 등 여러 가지 비용을 지불하기 위한 수단으로 사용될 수 있습니다.

네임코인(Namecoin)

- 심볼: NMC
- 웹사이트: https://www.namecoin.org

네임코인은 인터넷 주소를 관리하는 시스템이면서 동시에 여기서 사용하는 암호화폐입니다. 인터넷 주소를 도메인 네임(do main name)이라고 하며, 이 때문에 이름을 네임코인이라고 지었습니다. 네임코인이 만든 주소는 '.bit'로 끝납니다.

현재 우리가 사용하는 '.com', '.kr' 등의 모든 인터넷 주소는 인터넷주소관리기구(ICANN)가 관리하고 있지만, 네임코인은 비트코인과 같이 여러 사람들에게 분산된 새로운 인터넷 주소 관리체계를 사용합니다. 이때 인터넷 주소 시스템을 유지하는 데 사용된 컴퓨터의 주인들은 보답으로 네임코인을 받습니다.

티트코인(Titcoin)

- 심볼: TTC
- 웹사이트:

티트코인은 성인물의 거래를 위해서 만들어진 암호화폐입니다. 이를 사용하면 신용카드 기록 유출 등의 염려없이 제품과 서비스에 대한 결제를 할 수 있습니다.

라이드마이카(RideMyCar)

- 심볼: RIDE
- 웹사이트: http://ridemycar.org

라이드마이카는 비슷한 목적지로 가는 운전자와 탑승자를 연결시켜줍니다. 그 대가로 운전자는 암호화폐 라이드마이카를 받습니다. 이때, 모든 탑승자들은 운전자 및 다른 탑승자를 평가할 수 있으며, 운전자들도 탑승자들을 평가할 수 있습니다.

메탈뮤직 코인(Metal Music Coin)

- 심볼: MTLMC3
- 웹사이트: http://metalmusiccoin.pw

메탈뮤직 코인은 언더그라운드 메탈 음악과 아티스트들을 돕기 위하여 만든 암호화폐이며, 총 발행량은 25억 개입니다.

보트코인(Vote Coin)

- 심볼: VOT
- 웹사이트: https://votecoin.site

보트코인은 선거나 기타 투표 목적에 적합한 코인으로 제트캐시(ZCash)를 기반으로 만들었습니다. 거래와 투표의 내용을 모든 사람들이 알게 하거나, 알지 못하게 보호할 수 있습니다. 또, 공정한 코인 분배를 위하여 재단에 일부를 배분하거나 미리 채굴하지 않았습니다.

코인을 만들어 떼돈을 번 사람들

암호화폐로 '대박'난 사람들-新부자의 탄생

비트코인, 이더리움, 리플과 같은 암호화폐가 세계적인 부자를 만들어내고 있다. 비트코인 창시자로 알려졌지만, 정체가 불분명한 나카모토 사토시, 리플을 만든 크리스 라센, 비트코인을 통해 세계 최초 억만장자가 된 윙클보스 형제, 라이트코인 창시자 찰리 리 등이 대표적이다.

공식적이진 않고 실존 인물인지도 확인이 아직 안된 비트코인의 창시자인 나카모토 사토시는 약 100만 비트코인을 소유한 것으로 알려져 있다. 비트코인은 1코인당 2000만원을 넘어서면서 약 20배에 달하는 상승률을 보였는데 2000만원으로 계산해도 20조원에 해당하는 돈이다. 코인 규모만으로 포브스 부자 순위 100위 안에 들 정도의 규모다.

불분명한 신원을 가진 나카모토 사토시를 제외하더라도 가상화폐로 세계 수준의 부자가 된 사람은 또 있다. 우선 비트코인으로 대박을 낸 공식 기록은 윙클보스 형제가 처음이다.

이 형제는 2012년 말부터 비트코인에 투자했다. 포천지가 보도한 바에 따르면 당시 비트코인 가치가 개당 120달러에 산 것으로 추정되는데 당시 1100만달러를 투자했다. 지난해 1만1400 달러를 돌파했을 당시 비트코인 자산가치만 10억달러를 넘었는데 이 때문에 최초의 비트코인 억만장자라는 외신 보도가 쏟아졌다. 비트코인은 이후에도 2만달러를 돌파할 정도로 증가세를 이어나갔기 때문에 윙클보스 형제의 비트코인 자산 가치는 오히려 늘어났을 것으로 보인다.

가상화폐 종류 중 하나인 라이트코인 창시자 찰리 리도 가상화폐를 통해 세계적인 부자가 된 사람이다. 찰리 리는 MIT 출신으로 2011년에 라이트코인을 개발해 공개했다. 지난해 12월 찰리 리는 보유 중이던 라이트코인을 모두 매각했다고 트위터를 통해 발표했다. 지난해 연초 대비 가격이 연말에는 75배가량 가격이 뛰었을 때다.

찰리 리는 얼마에 얼마나 많은 수량의 라이트 코인을 매각했는지 정확히 공개하진 않았지만 트위터를 통해 "라이트코인이 경제적으로 많은 도움이 됐고 이미 충분히 부자이기 때문에 더는 라이트코인을 보유할 이유가 없다"라고 밝혔다.

리플 랩 회장인 크리스 라센도 리플 가격폭등에 따라 억만장자 리스트에 이름을 올렸다. 크리스 라센은 리플 51억 9000만개를 소유했던 리플의 창시자다. 리플은 최근 가격이 급등해 비트코인 다음으로 시가총액이 높은 가상화폐가 됐다.

블룸버그에 따르면 크리스 라센은 164억달러에 달하는 재산을 보유하게 됐다. 크리스 라센은 리플 회사 지분 17%도 소유하고 있어 상당한 자산을 가진 것으로 알려졌다.

크리스 라센이 보유한 리플의 액수는 대략 4일(현지시각) 기준 599억달러(약 63조원) 정도다. 미국 경제매체 CNBC 등 외신에 따르면 크리스 라센은 마크 저커버그 페이스북 CEO에 이어 미국에서 5번째 부자가 됐으며 포브스 미국 400대 부자 순위 기준 5위인 래리 엘리슨 오라클 CEO의 재산 584억달러를 뛰어넘었다.(출처: 조선비즈 2018.01.06.)

제3장 빗썸에서 거래하기

빗썸 가입하기

    빗썸의 홈페이지(https://www.bithumb.com)에 접속하여 우측 상단의 '회원가입'을 누르면 다음과 같이 회원가입 화면이 나타납니다.

이메일, 휴대폰 번호 등 정보를 입력하고 휴대폰 인증 등의 절차를 거칩니다. 또, 약관 동의란에 체크를 하고 아래의 '가입' 버튼을 누릅니다.

가입 신청 확인 창에서 '승인하기' 버튼을 누릅니다.

잠시 후 메일을 확인하면 다음과 같이 빗썸에서 보낸 등록 감사 메일이 있습니다. 여기에서 '메일 주소 확인하기' 버튼을 누르면 빗썸 가입이 완료됩니다.

국내 최대 비트코인 거래소 No.1 BITHUMB

████ 님,

BITHUMB에 등록해 주셔서 감사드립니다.

아래 링크로 회원님의 이메일 주소를 확인해주세요.

[메일 주소 확인하기]

■ 이메일 인증이 완료되면 신규회원 가입 이벤트로 3,000빗썸캐시가 지급됩니다.
(이벤트로 지급된 금액의 유효기간은 한달이며 미사용시 차감됩니다)
■ 이벤트로 지급된 금액은 암호화폐거래만 가능합니다.
(지급된 금액 출금은 암호화폐 거래 후 가능합니다)
■ 신규가입 이벤트는 핸드폰번호 기준 1계정만 가능합니다.
■ 아이핀인증, 휴대폰 본인 인증, 신분증(여권) 중 한가지 인증을 추가로 받으셔야만 KRW/BTC출금이 가능합니다.
자세한 내용은 웹사이트 인증센터를 참고해주시기 바랍니다.

BITHUMB을 이용해 주셔서 감사합니다.

보안 레벨 높이기

빗썸의 홈페이지(https://www.bithumb.com)에 접속하여 우측 상단의 '로그인' 버튼을 누르고 다음과 같이 메일 주소나 핸드폰 번호와 비밀번호를 입력하고 아래의 '로그인' 버튼을 누릅니다.

앞서 지정한 4자리의 보안비밀번호를 입력합니다.

우측 상단의 'MyPage'나 상단 메뉴바의 '마이페이지'를 누르
면 마이페이지로 이동합니다. '인증센터'를 누르면 다음과 같이
현재 1 레벨입니다.

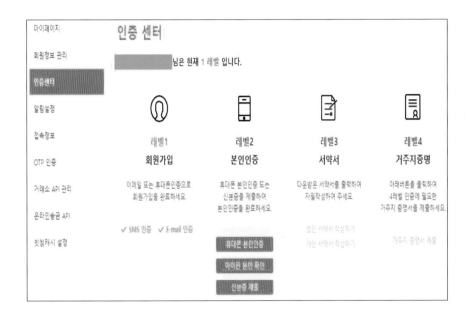

아래의 레벨별 원화 및 암호화폐 입출금 한도를 보면 레벨 1
은 암호화폐 입금만 가능합니다. 따라서, 레벨을 높이는 작업을
해주어야 합니다.

		LEVEL 1	나의 잔여한도	LEVEL 2	LEVEL 3	LEVEL 4
입금 한도	원화	0		무제한	무제한	무제한
	암호화폐	무제한				
원화 KRW	1일	0	0	45,000,000	270,000,000	1,800,000,000
	월	0	0	300,000,000	1,000,000,000	무제한
비트코인 BTC	1일	0	0	150	500	2,000
	월	0	0	500	2,000	무제한
이더리움 ETH	1일	0	0	1,500	5,000	20,000
	월	0	0	5,000	20,000	무제한

마이페이지 > 인증 센터에서 레벨2 본인인증 밑의 '휴대폰 본
인인증'을 누릅니다.

이어서, 안내에 따라 휴대전화 인증과정을 거친후 다시 빗썸에서 마이페이지 > 인증 센터로 돌아오면 다음과 같이 2 레벨로 변경되어 있습니다.

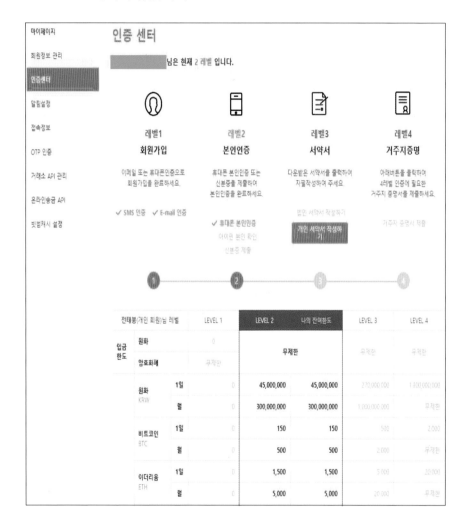

원화의 입금 한도가 무제한이며, 출금은 1일 4천5백만원, 1개월 3억원으로 변경됩니다. 또, 각 코인별 출금한도를 확인할 수 있습니다.

레벨 3은 서약서를 제출해야 합니다. '개인 서약서 작성하기' 버튼을 누르면 서약서 약식을 다운받을 수 있습니다. 프린터로 출력해서 내용을 기재한 다음 핸드폰으로 사진을 찍은 다음, 레벨 3의 서약서 전송화면에서 방금 찍은 파일 이름을 선택하여 보내면 됩니다.

한참을 지나면 핸드폰으로 '요청하신 레벨인증이 완료되었습니다.'라는 메시지가 옵니다. 마이페이지 > 인증센터에서 확인해 보면 다음과 같이 3레벨로 상승되어 있습니다.

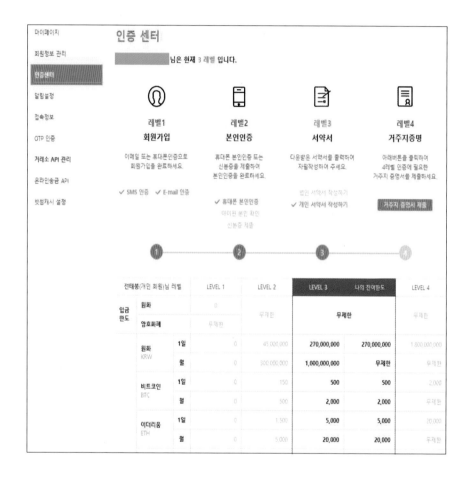

마지막으로 레벨 4는 거주지 증명을 하면 됩니다. 3개월 이내
에 발급받은 주민등록등본이나 공공기관 요금 납부서 등에서 택
1하여 핸드폰으로 사진을 찍은 다음 보내면 됩니다.
　파일이 준비되면 다음과 같이 파일을 첨부하여 '제출하기' 버
튼을 누르면 됩니다.

한참을 지나 마이페이지 > 인증센터에서 확인해보면 다음과 같이 레벨 4로 상승되어 있습니다.

레벨 2, 3과 같이 입금한도는 무제한이고, 원화의 1일 출금한도는 20억원, 월 출금한도는 무제한입니다. 또, 각 코인별 1일 및 1월 출금한도도 늘어납니다.

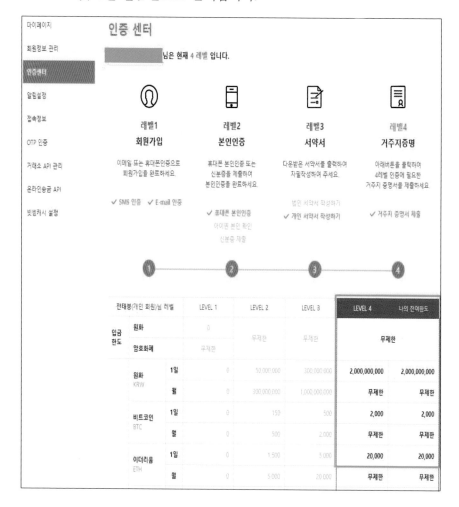

OTP 인증

   구글의 OTP(One Time Password, 1회용 암호) 기능을 사용하면 보안성이 강화됩니다. 이를 위해서 먼저 플레이스토어(안드로이드)나 앱스토어(아이폰)에서 구글 OTP 앱을 다운로드하여 설치합니다.

▶ OTP인증 사용하기

Google Authenticator 앱에서 "계정설정" -> "바코드스캔" 을 이용하여 바코드를 스캔 하십시오.

바코드 스캔을 이용할수 없으면 아래키를 입력할 수 있습니다

WV[   ]47S

SMS 인증		인증번호받기
OTP Code Number		
보안비밀번호		

- OTP Code Number와 SMS 인증, 보안비밀번호 모두 승인이 되어야 합니다.

완료

스마트 폰에서 구글 OTP를 실행하고, 추가기호(+)를 누른 다음, '바코드 스캔' 메뉴를 선택한 후 다음과 같은 화면으로 바뀌면 위의 바코드를 스캔합니다.

이제부터 구글 OTP를 실행할 때마다 빗썸에서 사용할 수 있는 일회용 패스워드 6자리가 나타납니다. 이름이 빗썸이 아니라 XCoin으로 표시됩니다.

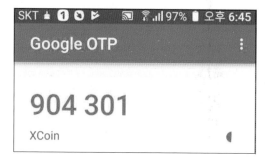

입출금 계좌 등록하기

빗썸으로 원화를 입금하려면 실명확인 입출금번호를 부여받아야 합니다. 입금은 암호화폐를 사용하고 원화 출금 기능만 사용하려면 실명확인 입출금번호는 필요 없습니다. 그러나, 일반적인 경우에 원화를 입금하고, 이를 사용하여 암호화폐 거래를 하고, 이후 원화를 출금하는 과정을 거치므로 실명확인 입출금번호가 필요합니다.

실명확인 입출금번호를 받으려면 본인 명의의 농협중앙회 계좌가 있어야 합니다. 1인 1개 실명확인 입출금번호를 발급받을 수 있으며, 한사람이 여러 개의 계정을 보유한 경우, 최초 발급받은 입출금번호에 등록된 농협 계좌로만 출금 가능합니다. 발급받은 입출금번호는 변경할 수 없으며, 필요시 탈퇴후 재가입해야 합니다. 만 19세 이상 내국인에 한하여 실명확인 입출금번호 발급이 가능합니다.

실명확인 입출금번호 발급에 따른 입출금 비교		
	실명확인 입출금번호 발급 고객	실명확인 입출금번호 미발급 고객
원화입금	등록된 농협 입출금 계좌	입금불가
원화출금		전 은행 본인명의 계좌

상단 메뉴에서 지갑관리 > 입금 > 원화를 차례로 선택하면 다음과 같은 화면이 나타납니다. 우측 하단의 '농협은행 입출금 계좌 등록하기' 버튼을 누르면 자신의 농협 계좌를 빗썸에 등록할 수 있습니다.

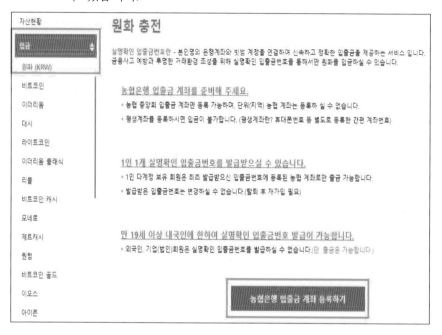

이후 다음과 같이 빗썸에서 부여한 가상계좌(입출금 번호)에서만 입금이 가능하며, 인터넷 뱅킹, 모바일 뱅킹, ATM기를 통해 입금이 가능합니다. (ATM기의 경우 농협직불카드, 체크카드를 이용한 이체만 가능합니다.) 은행 창구, 텔레뱅킹, 토스 및 카카오페이 등의 간편 송금은 불가능 합니다.

자산현황

입금

원화 (KRW)
비트코인
이더리움
대시
라이트코인
이더리움 클래식
리플
비트코인 캐시
모네로
제트캐시
퀀텀
비트코인 골드
이오스
아이콘
비체인
트론
엘프

원화 충전

실명확인 입출금 번호 충전

- 등록하신 입출금계좌에서만 입금이 가능합니다.
  등록하신 입출금계좌로 입금하더라도 입금자명을 다르게 입금하면 처리되지 않을 수 있습니다.
- 인터넷 뱅킹, 모바일 뱅킹, ATM기를 통해 입금이 가능합니다.(ATM기의 경우 농협직불카드, 체크카드를 이용한 이체만 가능합니다.)
- 은행 창구, 텔레뱅킹, 토스 및 카카오페이 등의 간편 송금은 불가능 합니다.
- 원화(KRW)는 아래 계좌에 한화를 입금한 만큼 1:1로 이루어집니다. 1000원 입금: 1000원화(KRW) 충전
- 실명확인 입출금 번호의 삭제 및 재발급은 불가능하며, 회원 탈퇴시 자동으로 삭제됩니다.
- 출금 신청시 심사가 진행되며, 부정거래가 의심 될 경우 출금이 최대 72시간 지연될 수 있습니다.
  부정거래가 의심 될 경우 출금이 제한 될 수 있습니다. <공지 바로가기>

내 실명확인 입출금 번호 정보

은행명	농협은행
예금주	빗썸_전▮▮
입출금 번호	79▮▮▮▮▮8

등록된 입출금계좌 정보

농협은행 3▮▮▮▮▮1 (예금주: 전▮▮)

입출금번호 발급 일시중단 안내

서비스 안정화 및 개선을 위해 실명확인 입출금번호 발급이 일시적
으로 중지됩니다.

- **내용: 실명확인 입출금번호 발급 중단**
- **일시: 2018.08.01 00시 부터 ~ 별도 공지 시 까지**
  ※ 기존 발급 고객은 정상적으로 입출금 서비스 이용이 가능합니다.

고객님들의 많은 양해를 부탁드리며, 조속한 정상화를 위해 최선을
다하겠습니다. 감사합니다.

확인

출금하기

지갑관리 > 출금 > 원화 > 계좌 출금을 선택하면 빗썸 계좌에 있는 현금을 은행계좌로 출금할 수 있습니다. 앞서 설명한 절차에 따라 사전에 등록된 실명확인 계좌가 있는 경우에는 다음과 같이 해당 계좌로만 출금할 수 있습니다.

수수료 건당 1,000 KRW	출금 최소 금액 5,000 KRW	일일 출금 한도 2,000,000,000 KRW	월 출금 한도 무제한 KRW

1 금액 입력

출금 가능액	0 KRW
출금요청 금액	1회 출금 한도는 50,000,000 KRW (횟수 제한 없음) 최대
1일 잔여 한도	2,000,000,000 KRW 현재 회원님은 인증 Level 4 단계입니다. 추가인증 받기
총 출금 금액(수수료 포함)	0 KRW

2 은행계좌 입력

출금 은행	농협은행
출금 계좌번호	3〇〇〇71
예금주	2〇〇

인증 수단

3
OTP Code Number	
보안비밀번호	

KRW 출금요청

실명확인 입출금 계좌가 없을 경우에는 다음과 같이 출금은행과 계좌번호를 직접 지정하면 됩니다.

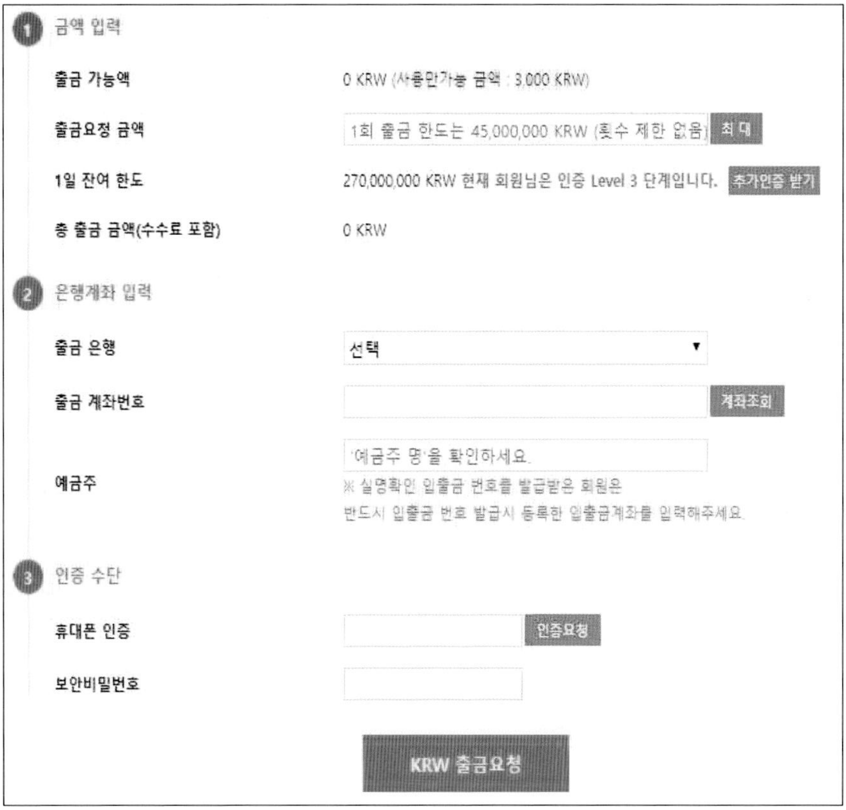

빗썸 거래 수수료

빗썸의 거래 수수료는 다음과 같습니다.

거래 수수료(Trading Fees)

항목	수수료(Maker Fee / Taker Fee)
기본 수수료	0.15%
할인 정액 쿠폰 사용시(정액쿠폰 구매하러 가기)	0.01%~0.075%

*빗썸에서 취급하는 모든 암호화폐의 거래 수수료기 동일하게 적용됩니다.

거래소의 내 계정으로 입금하기

지금까지 암호화폐 거래소에서 계정을 만들고, 보안등급을 레벨4로 만들었으며, 입출금용 통장을 등록했습니다. 이제, 빗썸에 등록된 농협 통장에서 나의 가상계좌로 송금후 거래를 시작하면 됩니다. 가상계좌로 만원을 송금한 후 빗썸에서 '지갑관리 > 자산현황'을 차례로 선택하면 다음과 같이 만원이 입금되어 있습니다.

자산현황

나의자산   거래가능자산   손익현황

총 빗썸캐시(KRW)	10,000
총 매수금액(KRW)	0
주문가능원화	10,000

총 평가손익(KRW)	0
총 수익률	0.00%

자산구분	코드	보유잔고	평균매수가	매수금액	평가금액 (KRW)	평가손익 (KRW)	수익률(%)	바로가기
원화	KRW	10,000	-	-	10,000	-		충전
비트코인	BTC	0	0	0	0	0	0%	주문
이더리움	ETH	0	0	0	0	0	0%	주문

이제, 이 돈으로 암호화폐 투자를 해보겠습니다.

암호화폐 매수하기

마우스를 '거래소' 메뉴 위로 가져가면 다음과 같이 현재 빗썸에서 거래할 수 있는 암호화폐의 종류를 볼 수 있습니다.

거래소	빗썸캐시	지갑관리	상품권몰
비트코인	비체인	파워렛저	사이버마일스
이더리움	트론	루프링	쎄타토큰
대시	엘프	기프토	
라이트코인	미스릴	스팀	
이더리움 클래식	모나코	스트라티스	
리플	오미세고	제로엑스	
비트코인 캐시	카이버 네트워크	어거	
모네로	골렘	애터니티	
제트캐시	에이치쉐어	뉴이코노미무브먼트	
퀀텀	질리카	스테이터스네트워크토큰	
비트코인 골드	에토스	에이다	
이오스	텐엑스	파퓰러스	
아이콘	왁스	코르텍스	

주문현황	거래완료

이처럼 특정 거래소에서 거래되는 암호화폐의 종류는 다 다르며, 새로운 것이 추가되고, 문제가 있는 것들은 상장폐지되는 일들이 끊임없이 일어납니다. 거래량이 제일 많고 유명한 비트코인을 살펴보겠습니다. 이를 위해 '비트코인'을 클릭합니다.

'주문수량' 부분에서 '최대' 버튼을 누르면 다음과 같이 현재의
잔고를 사용해서 매수할 수 있는 최대의 수량을 계산해 줍니다.

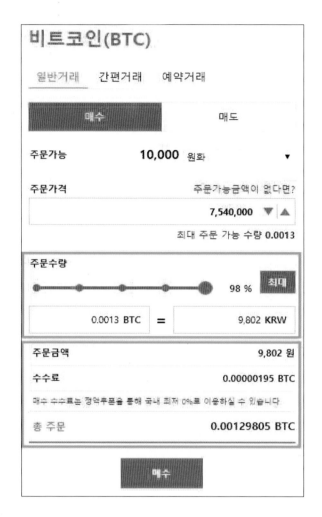

비트코인(BTC)

일반거래   간편거래   예약거래

매수   매도

주문가능   **10,000** 원화   ▼

주문가격   주문가능금액이 없다면?

7,540,000 ▼ ▲

최대 주문 가능 수량 0.0013

주문수량

● ─── ● ─── ● ─── ● ─── ●   98 %   최대

0.0013 BTC = 9,802 KRW

주문금액   9,802 원

수수료   0.00000195 BTC

매수 수수료는 정액쿠폰을 통해 국내 최저 0%로 이용하실 수 있습니다

총 주문   0.00129805 BTC

매수

이제, '매수' 버튼을 누르면 되지만, 비트코인 시장 상황을 좀 더 확인해 보고, 현재보다 가격이 더 올라가서 수익을 낼 수 있는지 살펴보는 것이 좋겠습니다. 이를 위하여 우측 상단의 '차트 보기'를 눌러봅니다.

비트코인(BTC)

일반거래	간편거래	예약거래	체결량 강조설정이란?			
				매도		총매도잔량	7.5152

매수		매도		0.4295	7,513,000	-0.75%	거래량(24H)
							16,006.4401 BTC
주문가능	**10,000** 원화	▼		0.7380	7,512,000	-0.76%	거래대금(24H)
				1.4769	7,510,000	-0.79%	1,198.4 억

그러면, 다음과 같은 캔들 차트 화면이 나타납니다. 기본적으
로 1분봉이 표시됩니다. 즉, 1분 단위로 가격변화를 표시해줍니
다. 붉은색은 상승, 푸른색은 하락을 의미합니다.

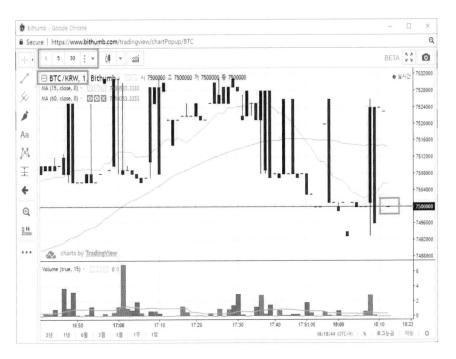

최근의 가격 흐름을 짐작하기 위하여 1시간 봉 차트를 살펴보려면 좌측 상단의 역삼각형을 눌어 시간 간격을 1시간으로 설정합니다. 그러면, 다음과 같이 1시간 봉이 표시됩니다.

현재는 비트코인의 가격이 특정한 구간에서 횡보하고 있는 조정국면인 것 같아 매수후 약간의 이익이 발생하면 매도하기로 하겠습니다. 다시, 거래소 > 비트코인을 선택하면 다음과 같이 비트코인을 거래할 수 있는 화면이 나타납니다.

현재 비트코인 1개의 가격이 7,519,000원이며, 잔고가 1만원입니다. 따라서, 잔고 1만원을 사용하여 매수할 수 있는 최대 비트코인 수량은 10,000 / 7,519,000 = 0.00132996개입니다. 비트코인은 주문가능한 최소 단위가 0.0001개이므로 실제 주문 가능한 수량은 0.0013개이며, 금액은 9,775원입니다.(7,519,000원 x 0.0013개)

기본적으로 빗썸의 거래수수료는 0.15%이며, 매수 및 매도시 모두 이 수수료가 적용됩니다. 따라서, 비트코인 0.0013개를 매수하려면 0.0013개 x 0.0015 = 0.00000195개를 수수료로 지불해야 합니다. 결과적으로 9,775원으로 0.0013 - 0.00000195 = 0.00129805개의 비트코인을 매수할 수 있습니다.

여기서 설명한 것은 모두 자동으로 계산되어 위의 화면으로 나타나므로 거래할 때 마다 머리 아프게 일일이 다시 계산할 필요는 없습니다.

'매수' 버튼을 누르면 다음과 같이 확인창이 나타납니다. '승인하기' 버튼을 누르면 매수 주문이 실행됩니다.

Confirm

7,519,000KRW * 0.0013BTC = 9,775KRW
중 매수금액은 9,775KRW 입니다.
매수하시겠습니까?

취소   승인하기

내가 원하는 가격에 매도를 원하는 수량이 있으면 매수거래가 체결되고 다음과 같이 매수 주문 체결 완료 메시지가 표시됩니다.

'확인' 버튼을 누릅니다. 거래소 > 비트코인 아래 화면에서 '체결 내역' 중 '체결'을 누르면 다음과 같이 체결된 거래 현황이 표시됩니다.

이제, 소량이지만 비트코인을 소유하게 되었으므로 코인의 가격 변동에 영향을 받게 됩니다.

암호화폐 보유하기

2017년 중반부터 2018년 초 사이 암호화폐 가격이 급등한 시절의 차트가 다음과 같습니다. 2017년 8월초 저점 가격이 약 3백만원이고, 2018년 1월초 고점 가격이 약 2천6백만원 정도입니다. 약 5개월 사이에 **800%** 이상 폭등했습니다.

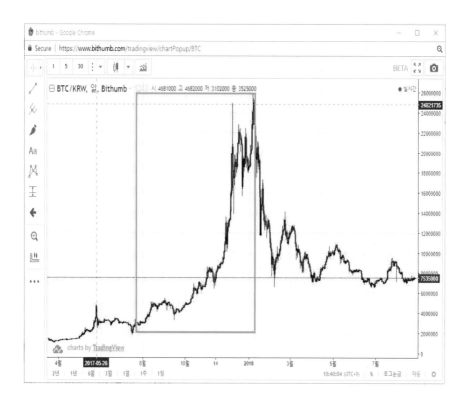

생일을 맞은 중학생 아들이 아빠에게 말했습니다.

"아빠, 비트코인 하나만 사주세요."

아빠가 말했다.

"아들아, 2천만원이라는 돈이 적은게 아니란다."

아들이 졸랐다.

"친구들도 다 하나씩 가지고 있어요."

아빠가 말했다.

"그래, 2천백만원으로 뭘 하려고 그러니?"

아들이 대답했다.

"글쎄, 그런건 묻지 마세요."

아빠가 말했다.

"아들아, 중학생에게 어디에 쓸지도 모르는 2천2백만원을 줄 수 있겠니?"

아들과 잠시 대화하는 사이에 비트코인 가격이 2천만원에서 2천2백만원으로 10%나 올랐다는 유머입니다. 그러나, 지금은 앞 차트의 후반부와 같이 비트코인 가격이 오르락내리락 하고 있습니다. 따라서, 매수한 암호화폐를 오랫동안 보유하는 것보다 어느 정도 매매를 반복하면 더 큰 수익을 기대할 수 있습니다.

지갑관리 > 자산현황을 누르면 다음과 같이 코인별로 매수금액, 평가금액, 평가손익, 수익률이 표시됩니다.

자산현황

나의자산 거래가능자산 손익현황

총 빗썸캐시(KRW)	10,042
총 매수금액(KRW)	9,757
주문가능원화	228

| 총 평가손익(KRW) | +57 |
| 총 수익률 | +0.58% |

자산구분	코드	보유잔고	평균매수가	매수금액	평가금액 (KRW)	평가손익 (KRW)	수익률(%)	바로가기
원화	KRW	228	-	-	228		-	충전
비트코인	BTC	0.00129805	7,517,000	9,757	9,814	+57	+0.58%	주문

빗썸의 기본 거래 수수료가 0.15%이므로 매도 및 매수 수수료의 합계가 0.3%입니다. 따라서, 조금이라도 수익을 내려면 총 수익률이 0.3% 이상이 되어야 합니다.

암호화폐 매도하기

보유중인 비트코인을 매도하려면 거래소 > 비트코인을 차례
로 선택하면 다음과 같이 매수 및 매도가 가능한 화면이 나타납
니다.

'매도' 탭을 선택하고, '최대' 버튼을 누르면 매도 가능한 비트코인의 수량이 0.0012개라는 것을 알려줍니다. 또, 현재의 비트코인 가격을 곱하면 9,059원이며, 수수료 14원을 제하면 총 주문 금액은 9,045원이 됩니다.

맨 아래의 '매도' 버튼을 누르면 다음과 같이 승인 화면이 나타납니다. '승인하기' 버튼을 누릅니다.

매도신청이 완료되었다는 메시지가 표시되면 '확인' 버튼을 누릅니다.

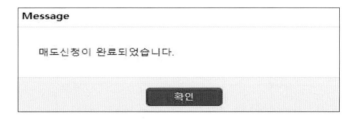

잠시후 동일한 화면 아래에 있는 '체결 내역'에서 미체결 화면을 보면 다음과 같이 주문수량은 0.0012개인데 아직 미체결수량이 0.0009개가 남아 있습니다. 즉, 0.0003개만 매도되었다는 의미입니다.

체결 내역

미체결 체결

매수/매도 전체 ▼

주문시각	구분	주문수량	미체결수량	주문가격	현재가격	상태
2018-08-26 21:36:23	지정가 매도	0.0012	0.0009	7,549,000	7,549,000	취소

잠시후 다시 확인해 보면 이번에는 '미체결' 거래 내역이 없습니다. 즉, 매도주문이 모두 성사되었다는 의미입니다.

체결 내역

미체결 체결

매수/매도 전체 ▼

주문시각	구분	주문수량	미체결수량	주문가격	현재가격	상태
거래 내역이 없습니다.(최대 100건 까지 조회 가능합니다.)						

옆의 '체결' 탭을 눌러보면 체결된 거래의 내역이 표시됩니다. 매도 거래가 두 번에 걸쳐서 이루어진 것을 알 수 있습니다.

또, 18시 26분에 비트코인 0.00129805개를 매수한 후 약 3시간후인 21시 36분에 0.0012개를 매도하였다는 것을 알 수 있습니다.

체결 내역

미체결　체결

| 당일 | 7 일 | | | | | | 매수/매도 | 전체 ▼ |

주문시각	구분	체결수량	주문가격(KRW)	체결가격(KRW)	체결금액(KRW)	체결시각	상태
2018-08-26 21:36:23	지정가 매도	0.0009	7,549,000	7,549,000	6.794	2018-08-26 21:37:20	
2018-08-26 21:36:23	지정가 매도	0.0003	7,549,000	7,549,000	2.265	2018-08-26 21:36:23	
2018-08-26 18:26:45	지정가 매수	0.00129805	7,517,000	7,517,000	9.772	2018-08-26 18:26:45	

지갑관리 > 자산현황을 선택하여 '나의 자산'을 보면 다음과 같이 매수가격 737원 어치의 비트코인은 매도되지 않고 그대로 보유하고 있습니다. 지금은 거래 금액이 1만원 정도라 최저 거래 단위에 미치지 못해 거래되지 못한 금액이 제법 크지만 거래 금액이 커지면 거의 무시할 만한 수준입니다.

자산현황

나의자산　거래가능자산　손익현황

총 빗썸캐시(KRW)	10,013	총 평가손익(KRW)	+2
총 매수금액(KRW)	737		
주문가능원화	9,274	총 수익률	+0.27%

자산구분	코드	보유잔고	평균매수가	매수금액	평가금액 (KRW)	평가손익 (KRW)	수익률(%)	바로 가기
원화	KRW	9,274	-	-	9,274	-	-	충전
비트코인	BTC	0.00009805	7,517,000	737	739	+2	+0.27%	주문

　현재 원화 잔고가 9,274원이고, 보유한 비트코인의 매수가가 737원이어서 자산 총액이 10,011원이 되었습니다. 즉, 11 / 10,000 = 0.11%의 수익이 발생하였습니다.

제4장 업비트에서 거래하기

업비트 가입하기

 업비트에 가입하려면 카카오톡에 가입된 스마트 폰이 있어야 합니다.

 1. 업비트의 홈페이지(https://upbit.com)에 접속합니다.

 2. 우측 상단의 회원가입 버튼을 누릅니다.

 3. 다음과 같이 '카카오계정으로 로그인' 화면이 나타나면 이 화면을 누릅니다.

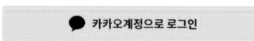

 4. 다음과 같은 화면이 나타납니다.

 카톡 가입시 사용한 이메일 주소나 카톡용 전화번호를 입력하고, 카카오 비밀번호를 입력한 후 '로그인' 버튼을 누릅니다. 만약, 암호가 기억나지 않으면 우측 하단의 '암호를 재설정' 버튼을 눌러 재설정하면 됩니다. 카카오 가입시 사용한 이메일 주소

가 생각나지 않으면 휴대전화에서 카톡을 열어 내 프로필에서
이름을 누르면 이름 바로 밑에 표시되어 있습니다.

(카카오 계정정보가 없으면 좌측 하단의 '가입하기' 버튼을 눌
러 카카오에 가입합니다.)
5. 적당한 닉네임을 지정하고, 동의란을 체크한 다음, '업비트
회원가입'을 누릅니다.

6. 그러면, 다음과 같이 회원가입 완료 메시지가 표시됩니다.

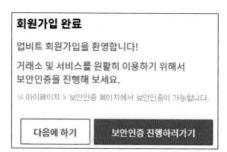

'보안인증 진행하러가기'를 눌러 보안 등급을 높여야 입출금 및 암호화폐 거래가 가능합니다. '다음에 하기'를 누르고 나중에 '마이페이지' > '보안인증'을 눌러도 됩니다.

업비트 보안등급 높이기

각 보안등급별 1일 입출금한도는 다음과 같습니다. 처음 가입하면 보안등급이 레벨 1이고, 이 등급에서는 원화나 암호화폐를 입출금 할 수 없기 때문에 거래를 할 수 없습니다. 따라서, 먼저, 보안등급을 높여야 합니다.

2. 보안등급별 1일 입출금한도

내 보안등급 확인하기 >

구분			레벨 1	레벨 2	레벨 3	레벨 4
인증방법			이메일 인증	휴대폰 본인인증	입출금 계좌인증	2채널 추가인증
입금한도	KRW		0원	0원	무제한 (실명확인 입출금 계좌 인증 시)	
	암호화폐		0원	무제한	무제한	무제한
출금한도	KRW	1회	0원	0원	20,000,000원	50,000,000원
		1일	0원	0원	50,000,000원	200,000,000원
	암호화폐		0원	2,000,000원	100,000,000원	1,000,000,000원

※ 1일 출금한도는 매일 오전 6시 30분에 초기화됩니다.

※ 암호화폐는 출금 시점의 원화 환산금액을 반영해 1일 출금한도가 관리됩니다.

※ 부정거래가 의심되는 경우 KRW 및 암호화폐 입출금이 제한될 수 있습니다.

표에서 보는 바와 같이 최고 등급인 레벨4가 되면 1회 원화 출금 한도가 5천만원이고, 1일 원화 출금 한도는 2억원입니다. 또, 암호화폐는 10억원까지 출금 가능합니다.

우측 상단의 '마이페이지' > '보안인증'을 차례로 누르면 현재의 보안 등급을 확인할 수 있습니다. 가입후 보안등급은 레벨 0입니다. 다음과 같이 '이메일 인증' 옆의 '인증하기' 버튼을 눌러 이메일 인증을 진행합니다.

그러면, 인증메일이 발송되며, 메일함에서 다음과 같은 업비트 이메일 인증 메일을 확인할 수 있습니다. 하단의 '이메일 인증하기' 버튼을 누릅니다.

이메일 주소 인증

나의닉네임님 안녕하세요.
아래 내용을 참고하여 이메일 인증을 진행해주세요.

이메일 인증하기

1. 아래 [이메일 인증하기] 버튼 클릭
2. 업비트 웹사이트 혹은 앱으로 이동하여 이메일 인증 완료

인증을 완료하면 회원님의 보안등급이 레벨 1로 상향됩니다.
이후 휴대폰 실명인증, 계좌인증도 진행 부탁드립니다.

이메일 인증하기

그러면, 다시 업비트의 보안인증 페이지와 연결되며, 등급이 레벨 1로 상향되어 있습니다.

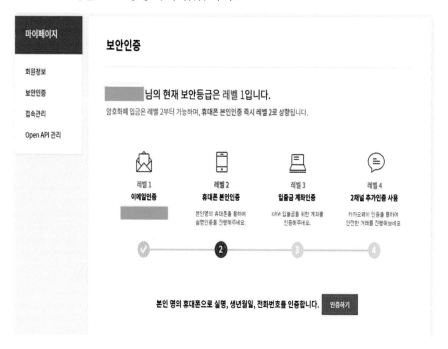

'본인 명의 휴대폰으로 실명, 생년월일, 전화번호를 인증합니다.' 옆의 '인증하기' 버튼을 눌러 레벨 2 인증을 진행합니다. 안내에 따라, 통신사를 지정하고, 이름 등의 정보를 입력하여 휴대폰 본인인증을 완료합니다. 그러면, 다시 업비트의 보안인증 페이지와 연결되며, 등급이 레벨 2로 상향되어 있습니다.

이번에는 레벨 3 입출금 계좌인증을 진행합니다.

'실명확인 입출금 계좌 인증'은 2017년 12월 31일까지 업비트 회원으로 가입한 사람들에게만 해당되며, 현금 입금과 출금이 모두 가능합니다. 그러나, 2018년에 가입한 사람들은 실명확인 입출금 계좌 기능이 지원되지 않으며, 결과적으로 업비트에 현금을 바로 입금할 수 없습니다. 따라서, 직접 현금 입금이 가능한 빗썸, 고팍스 등의 거래소에서 암호화폐를 구입하여 업비트로 전송한 다음 이를 판매하여 원화를 확보하거나, 여러 가지 거래를 할 수 있습니다. 처음에는 다른 거래소를 통하여 원화를 입금해야 하는 불편함이 있지만, 이외에는 기존의 가입자와 거래상 차이가 없습니다. 2018년 이후에 가입한 사람들은 '출금계좌 인증하기'를 누릅니다.

다음과 같이 카카오톡 인증 화면이 나오면 '인증번호받기'를 누릅니다.

출금전용 계좌

· 출금전용 계좌 인증 시 원화 출금만 가능하며, 입금은 실명 확인 계좌 인증 후 가능합니다.

· 출금전용 계좌는 은행 구분없이 본인명의의 계좌 1개만 등록 가능합니다.

카카오톡 인증

안전한 계좌 등록을 위해 카카오톡으로 한 번 더 인증합니다. ?

인증번호입력   **인증번호받기**

인증번호받기를 누르고, 카톡으로 인증번호가 오면 입력 후, 인증하기를 누릅니다. 인증이 성공하면 다음과 같이 '계좌 정보 입력' 화면에서 은행을 선택하고, 계좌번호를 입력합니다. '계좌 인증번호 전송' 버튼을 누릅니다.

출금전용 계좌

· 출금전용 계좌 인증 시 원화 출금만 가능하며, **입금은 실명 확인 계좌 인증 후 가능합니다.**

· 출금전용 계좌는 은행 구분없이 본인명의의 계좌 1개만 등록 가능합니다.

계좌 정보 입력

출금계좌는 은행 구분없이 본인명의의 계좌 1개만 등록 가능합니다.

은행선택   ▼

계좌번호를 입력해 주세요 (-제외)

계좌 인증번호 전송

계좌 인증번호 전송은 일 최대 3회까지 가능합니다.

업비트에 인증된 실명과 계좌주 명의가 일치해야 합니다.

은행 점검 시간에는 계좌인증이 불가능합니다.

116

잠시후 은행 통장에서 확인해보면 다음과 같이 업비트에서 1원이 입금됩니다. 입금자 정보에서 '업비트' 앞에 있는 세자리의 숫자를 확인합니다.

거래일시	적요	기재내용	찾으신금액(원)	맡기신금액(원)
2018.08.23 14:40	타행이체	924업비트	0	1

앞서 확인한 숫자를 업비트 화면에서 입력한 다음 '인증하기' 버튼을 누릅니다.

출금전용 계좌

- **출금전용 계좌 인증 시 원화 출금만 가능하며, 입금은 실명 확인 계좌 인증 후 가능합니다.**

- 출금전용 계좌는 은행 구분없이 본인명의의 계좌 1개만 등록 가능합니다.

계좌 정보 입력

출금계좌는 은행 구분없이 본인명의의 계좌 1개만 등록 가능합니다

위 계좌번호로 1원을 송금했습니다. 입금자명 '업비트' 앞에 적힌 3자리 숫자를 입력해주세요.

924

인증하기

숫자확인방법

이제, 다음과 같이 보안등급이 레벨 3으로 올라갑니다.

레벨 4 '2채널 추가인증 사용' 방법은 다음과 같습니다.

보안인증 화면에서 '2채널 추가인증 사용'을 누릅니다. 그러면, 다음과 같이 '카카오페이 간편인증' 화면이 나타납니다.

'활성화' 버튼을 누릅니다.

■■■님의 현재 보안등급은 레벨 3입니다.

KRW 입금을 위해 실명확인 입출금계좌 인증이 필요합니다.

레벨 1	레벨 2	레벨 3	레벨 4
이메일인증	휴대폰 본인인증	입출금 계좌인증	2채널 추가인증 사용
	초기화 요청	실명확인 계좌 미인증 인증하기	카카오페이 인증을 통하여 안전한 거래를 진행해보세요

카카오페이 간편인증

· 2채널 추가인증이란, 회원님 계정의 보안 강화를 위해 출금 시점마다 안전한 수단으로 한 번 더 인증하는 것을 의미합니다.
· 업비트는 2채널 추가인증 수단으로 OTP 보다 편리하고 안전한 '카카오페이 간편인증'을 지원합니다.
· '활성화' 버튼을 클릭하면 등록된 휴대폰 번호로 카카오톡 메시지가 도착합니다. 메시지 확인 후 비밀번호를 입력하면 카카오페이 간편인증이 활성화됩니다.
· 아직 카카오페이 간편인증을 사용한 적이 없는 경우, 최초 1회에 한해 등록 절차를 거쳐야 하며 휴대폰에 카카오톡이 설치되어 있지 않으면 사용할 수 없습니다.

활성화

'활성화' 버튼을 클릭하면 등록된 휴대폰 번호로 카카오톡 메시지가 도착합니다. 메시지 확인 후 비밀번호를 입력하면 카카오페이 간편인증이 활성화됩니다. 휴대폰에서 안내에 따라 간편인증 절차를 진행합니다.

2채널 추가인증 사용이 완료되면 다음과 같이 보안등급이 레벨 4로 상향됩니다.

오픈 API 발급받기

오픈 API는 프로그램(봇 bot이라고도 함)을 사용하여 자동으로 거래를 할 때 필요한 암호 코드입니다. 프로그램을 사용하여 거래하지 않을 독자들께서는 API를 발급받을 필요가 없습니다.

'마이 페이지'에서 'Open API 관리'를 누르면 다음과 같이 API 발급에 필요한 사항을 지정하는 화면이 나타납니다. 자동 프로그램에서 필요한 기능을 체크합니다. 예를 들어, 암호화폐나 원

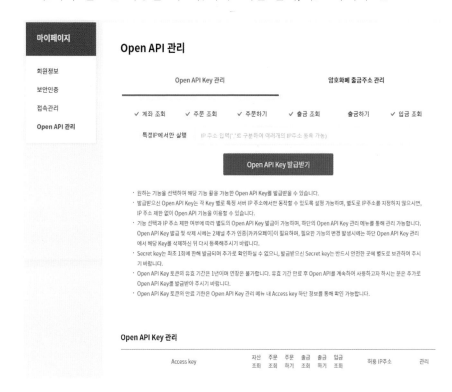

화 출금은 수동으로 직접 하려면 '출금하기'는 체크하지 않습니다. 사전에 지정한 인터넷 주소들에서만 프로그램이 동작하게 할 수도 있습니다. 체크가 끝나면 '오픈 **API Key** 발급받기'를 누릅니다.

이어서 나타나는 카카오페이 인증 화면에서 '**Pay** 인증하기' 버튼을 누릅니다.

인증에 성공하면 오픈 Open API Key 발급 완료 화면이 나타납니다. Access key와 Secret key를 메모장 등에 복사하여 보관합니다. 나중에 자동거래 프로그램 사용시 이 키들이 있어야 됩니다.

Open API Key 발급 완료

고객님의 Open API Key가 아래와 같이 발급되었습니다.
Secret key는 최초 1회에 한 해 발급되며 추가적으로 확인하실 수 없으니,
발급 받으신 Secret key는 반드시 안전한 곳에 별도로 보관하여주시기 바랍니다.
Open API Key 타인 양도시 발생하는 피해로 인한 책임은 본인에게 있습니다.

· Access key   복사

· Secret key   복사

확인

다시 '마이페이지' > 'Open API Key 관리' 화면으로 들어가면
다음과 같이 기존에 발급된 키를 삭제하거나 특정한 사항들을
변경하거나, 새로운 키를 발급받을 수도 있습니다.

Open API Key 관리

Access key	자산 조회	주문 조회	주문 하기	출금 조회	출금 하기	입금 조회	허용 IP주소	관리
2019-07-23 01:37 만료	●	●	●	●				변경 삭제

만약, Secret key를 분실하거나 외부에 유출되었을 때에는 기
존의 Open API Key를 삭제 후 재생성하면 됩니다.

거래소간 암호화폐 송금

이번에는 업비트에서 암호화폐를 거래해 보겠습니다. 현재, 업비트 신규가입자들은 현금을 입금할 수 없으므로 빗썸에서 업비트로 암호화폐를 송금하고, 이를 매도하여 원화를 확보한 다음 여러 가지 암호화폐를 거래할 수 있습니다.

거래소간 암호화폐를 송금하려면 다음과 같이 송금 수수료가 부과됩니다. 거래수수료와 마찬가지로 송금 수수료는 거래소마다 모두 다르며, 송금 1건당 부과됩니다. 고객지원 > 수수료안내를 누르면 빗썸의 거래수수료와 입출금 수수료를 확인할 수 있습니다.

외부 출금
1,000 원
0.001 비트코인
0.01 이더리움
0.01 대시
0.01 라이트코인
0.01 이더리움 클래식
1 리플
0.001 비트코인 캐시
0.05 모네로

비트코인의 송금 수수료는 0.001 비트코인이며, 시세가 7,000,000원이면 송금 수수료가 7,000원이 됩니다. 큰 금액을 송금하는 경우에는 별 문제가 없겠지만 9,000원을 송금하면서 수수료를 7,000원 지불하는 것은 좀 그렇습니다.

송금 시간도 빠르고 수수료도 비교적 저렴한 리플(XRP)을 사용해서 빗썸에서 업비트로 암호화폐를 송금해보겠습니다. 리플의 출금 수수료는 1리플이며, 현재가로 369원입니다. 암호화폐를 송금하기 위해서는 입금 받는 측의 암호화폐 주소가 필요합니다. 따라서, 업비트에서 리플의 주소를 만들어야 합니다.

업비트에 로그인후 입출금 > 리플을 선택하면 다음과 같이 리플 입출금 화면이 나타납니다. 다른 거래소나 리플 지갑에서 리플을 입금 받으려면 리플 입금용 지갑을 생성해야 합니다. 이를 위하여 아래의 '입금주소 생성하기' 버튼을 누릅니다.

그러면 다음과 같이 업비트 내에 나의 리플 지갑이 생성되며 주소가 표시됩니다. 다른 코인들과 달리 리플은 지갑 주소 외에 '데스티네이션 태그(destination tag)'라는 번호가 필요하며, 이것도 동시에 생성됩니다.

이제, 업비트에서 암호화폐 리플을 입금받을 주소가 생성되었습니다.

이번에는 빗썸에서 거래소 > 리플 > 일반거래 > 매수를 선택합니다. '최대' 버튼을 누르면 현재의 잔고를 사용하여 매수할 수 있는 최대 리플 수량을 알려줍니다. 거래 수수료를 제외한 수량이 '총주문' 수량입니다. '매수' 버튼을 누르면 매수 주문이 이루어집니다.

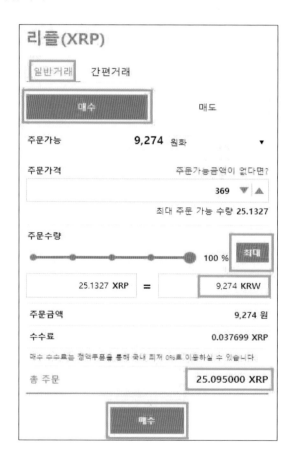

다음과 같이 총 매수금액이 표시되면 '승인하기' 버튼을 누릅니다.

매수 주문 체결 완료 메시지가 표시되면 '확인' 버튼을 누릅니다.

거래소 > 리플의 아래 화면에서 체결 내역 > 체결을 확인해
보면 다음과 같이 매수한 리플의 수량과 금액 및 시각이 표시됩
니다.

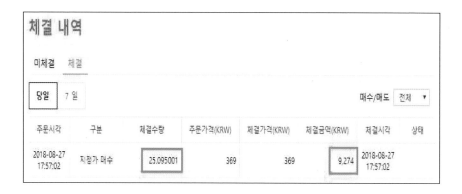

이제, 방금 매수한 리플을 업비트로 송금해 보겠습니다. 이를 위하여 빗썸에서 지갑관리 > 출금 > 리플을 선택합니다.

리플 출금

주소로 보내기

* bithumb 전자지갑으로부터 회원님의 외부 전자지갑으로 리플을 출금합니다.
* 모든 출금은 관리자 확인 후 실행됩니다.

출금가능액	25.095001 XRP
1회 출금한도	600001.000000 XRP (횟수 제한 없음)
1일 잔여한도	16000000.000000 XRP 현재 회원님은 인증 Level 4 단계입니다. 추가인증 받기
리플 출금 주소	지갑 주소　rN9qNpgnBaZwqCg8CvUZRPqCcPPY7wfWep 2053745320 데스티네이션 태그 　☐ 데스티네이션 태그(Destination Tag) 미사용 ❓ (Destination Tag) 출금 주소 체크　XRP 주소록
출금신청 금액	24.095001 　최대
리플 출금 수수료	1 XRP
실제 출금 총액	25.095001 XRP
OTP Code Number	
보안비밀번호	••••

리플 출금 요청

131

'리플 출금' 화면에서 업비트에서 발급받았던 리플의 업비트 지갑 주소와 데스티네이션 태그를 복사하여 붙여넣고, '출금 주소 체크'를 클릭합니다. '출금신청 금액'에서 '최대' 버튼을 누르면 출금할 수 있는 리플의 수량이 표시됩니다. 보안비밀번호와 구글 OTP 번호를 입력한 후에 '리플 출금 요청'을 클릭합니다.

다음과 같은 승인 요청 화면에서 '승인하기'를 누르면 출금요청이 완료됩니다.

지갑 사이에 암호화폐가 전송되는 시간은 암호화폐별로 다 다르고, 거래소 및 네트워크 사정에 따라서 다릅니다. 심한 경우에는 하루 이상이 소요될 수도 있습니다.

몇 십초 또는 몇 분 후에 업비트의 투자내역 > 거래내역을 보면 다음과 같이 리플(XRP)이 입금되어 있습니다. 입금 시간, 수량, 입금시의 가격, 금액 등이 표시됩니다.

업비트의 투자내역 > 보유코인을 보면 다음과 같이 유사한 정보가 표시되며, 입금 후 가격 변동이 일어나 73원이 하락했다는 것을 알 수 있습니다. 업비트에서 리플을 매도하려면 하단 오른쪽의 '주문' 버튼을 누릅니다.

'매도수량' 옆의 '가능'에서 아래 화살표를 누르면 매도 수량을
퍼센트로 지정할 수 있습니다. 직접 수량을 입력해도 됩니다.
'100% 최대'를 선택합니다.

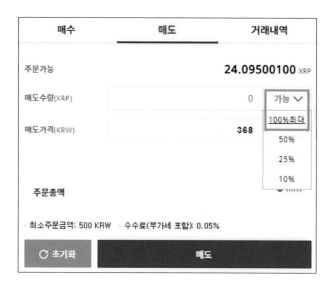

그러면, 다음과 같이 매도 수량이 결정되고, 현재의 가격으로 판매할 수 있는 주문총액이 표시됩니다. 현재 가격보다 더 높게 판매하려면 그 값을 지정하면 됩니다. 이 경우, 바로 매도가 되지 않고 시간이 흐른후 가격이 상승하면 거래가 이루어집니다. 그러나, 가격이 하락하면 판매가 이루어지지 않습니다.

매수	매도	거래내역
주문가능		24.09500100 XRP
매도수량(XRP)		24.09500100 가능 ∨
매도가격(KRW)		368 − +
주문총액		8,866 KRW

최소주문금액: 500 KRW   수수료(부가세 포함): 0.05%

↻ 초기화	매도

다음과 같은 매도주문 확인 창에서 '매도확인' 버튼을 누릅니다.

매도주문 확인

주문코인	XRP
주문구분	지정가 매도
주문수량	24.095001 XRP
주문가격	368 KRW
주문총액	8,866 KRW

취소	매도확인

거래소 > 리플 > 거래내역 > 체결을 보면 다음과 같이 체결가격, 수량 및 금액 등의 정보를 확인할 수 있습니다.

매수		매도		거래내역
		○ 미체결	◉ 체결	
주문시간	구분	체결가격	체결수량	체결금액
08.27 09:25	매도	368	24.09500100	8,866

또, 투자내역 > 거래내역을 확인해 보아도 아래와 같이 유사한 정보를 알 수 있습니다.

UPbit   거래소   입출금   **투자내역**   코인동향   고객센터

	보유코인		거래내역		미체결		입출금대기

거래 전체 ▼

주문시간	코인	거래종류	거래수량	거래단가 ?	거래금액	수수료	정산금액(수수료반영)
2018.08.27 09:25	XRP/KRW	매도	24.09500100 XRP	368 KRW	8,866 KRW	4.43 KRW	8,862 KRW
2018.08.27 09:11	XRP	입금	24.09500100 XRP	370 KRW	8,916 KRW	0 XRP	24.09500100 XRP

투자내역 > 보유코인 화면을 보면 보유하고 있는 원화(KRW)
와 총보유자산(원화 + 코인) 금액을 확인할 수 있습니다.

제5장 스마트폰으로 거래하기

앱 설치하기

핸드폰으로 업비트를 사용하는 방법은 다음과 같습니다.

구글의 플레이 스토어나 애플의 앱 스토어에서 '업비트'를 검색하여 설치합니다.

설치가 끝나면 '열기'를 클릭합니다.

권한을 확인해줍니다.

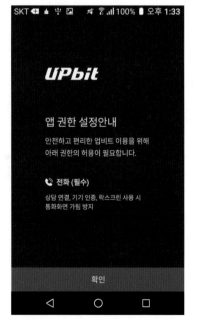

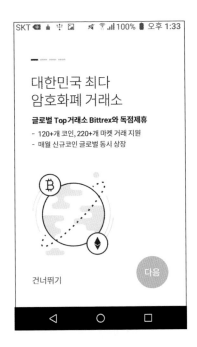

업비트 안내 화면에서 '건너뛰기'를 선택합니다.

'카카오계정으로   시작'을
누릅니다.

143

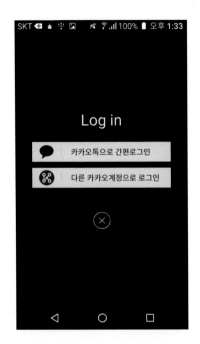

'카카오톡으로 간편로그인'
을 누릅니다.

'인증번호 받기'를 누르면
현재의 스마트폰으로 카톡
인증번호가   전송됩니다.
화면을 아래로 밀고 카톡
으로 들어가 인증번호를
확인하고 여기에서 입력합
니다. '서비스 시작'을 누
르면 핸드폰에서 업비트를
사용할 수 있습니다.

144

주메뉴는 아래에 있습니다. 기본적으로 거래소 화면이 나타납니다.

락 스크린 설정하기

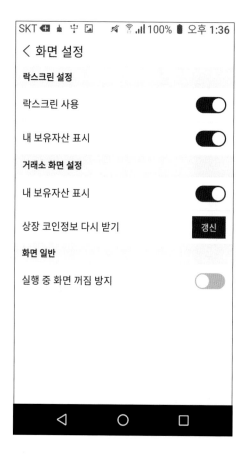

락스크린(LockScreen) 기능이란 핸드폰 화면이 잠겨있는 상태에서도 코인의 가격변화 등을 알려주는 기능입니다.

즉, 스마트폰 화면꺼짐 상태에서 화면을 보려고 버튼을 누르면 바로 다음 그림과 같이 업비트의 실시간 코인시세 창이 표시됩니다. '락스크린 사용'은 이 기능의 사용 여부를 지정합니다.

'내 보유자산 표시'는 다음 화면과 같이 시세표시와 더불어 총매수, 총평가, 평가손익 및 수익률도 동시에 알려주는 기능입니다.

'락스크린 사용'을 활성화
했을 때 나타나는 화면입
니다.

좌측 하단의 'UP'을 누르
면 업비트 실행화면으로
넘어가고, 하단 가운데의
큰 원이나 우측의 자물쇠
를 누르면 스마트폰의 홈
으로 이동합니다.

거래하기

거래소 화면 우측 상단의 말풍선 표시를 누르면 나타나는 '알림 내역'입니다.

하단의 메뉴바에서 '거래소'를 선택하면 표시되는 화면입니다. 각 코인의 현재가, 변동률 등을 나타냅니다.

거래소 화면에서 특정 코인을 누르면 해당 코인을 매매할 수 있는 화면이 나타납니다.

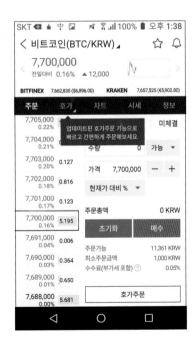

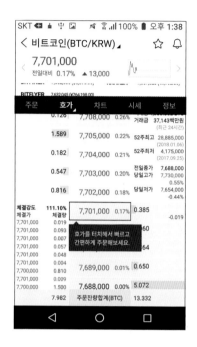

'호가(주문)'이란 호가창에서 매매를 원하는 가격을 직접 눌러 거래를 하는 편리한 방법입니다.

'거래소' 메뉴에서 '차트' 탭을 선택하면 특정 코인의 차트가 표시됩니다.

거래소 > 시세 > 체결을 선택하면 특정 코인의 시간대별 체결가격과 체결량이 표시됩니다.

거래소 > (특정 코인) > 정보를 선택하면 해당 코인의 최초 발행일, 시가총액 등의 내용이 표시됩니다.

하단의 주메뉴 중에서 '코인정보'를 선택하고 '코인톡톡'을 누르면 암호화폐와 관련된 여러 가지 정보를 볼 수 있습니다.

투자내역과 입출금

하단의 주메뉴 중에서 '투자내역'을 선택하고 보유 코인 현황, 거래내역, 미체결 거래내역 등을 확인할 수 있습니다.

하단의 주메뉴 중에서 '입출금'을 선택하면 보유 자산 현황을 보여주고, 원화나 코인을 출금할 수 있습니다.

입출금 화면에서 원화를 선택하면 'KRW 입출금' 화면이 표시됩니다.

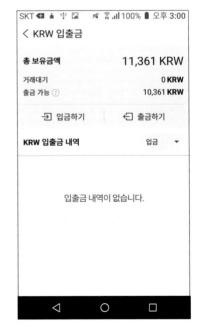

입출금 > KRW 입출금 > 출금하기를 선택하면 'KRW 출금하기' 화면이 나타납니다. 출금을 원하는 금액을 입력하고 '확인' 버튼을 누르면 출금 과정이 진행됩니다.

'Pay 인증하기' 버튼을 누릅니다.

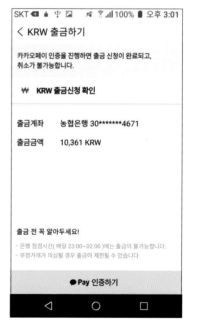

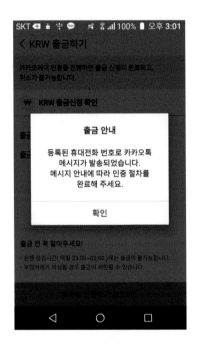

'출금안내' 메시지가 표시
되면 '확인'을 클릭하고 안
내 메시지에 따라 카톡 인
증을 진행합니다.

인증 절차가 끝나면 출금
신청이 완료됩니다. 잠시
후 통장으로 지정한 금액
이 송금됩니다.

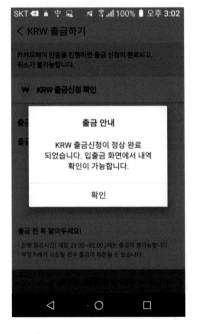

맺는 말

암호화폐 거래를 위해서 블록체인에 대한 해박한 지식이 필요할까요?

사람들은 암호화폐하면 첨단 IT 산업이 발명한 블록체인을 가장 먼저 떠올립니다.

어느 분의 이야기처럼 튤립을 사기 위해서 식물학의 대가가 될 필요가 없듯이 암호화폐 거래를 위해서 블록체인에 대해 잘 알아야 할 필요는 없습니다. 사실, 블록체인이 무엇인지 아는 것과 암호화폐 거래를 잘 하는 것은 전혀 상관이 없습니다.

대신, 암호화폐 거래소들의 수수료, 제공 상품, 신뢰성 등에 대한 공부를 하는 것이 좋을 것 입니다. 또, 자신이 거래하고 싶은 몇 가지 암호화폐에 대한 뉴스 및 각국의 암호화폐에 대한 정책 등을 살펴보는 것이 더 도움이 됩니다. 무엇보다, 꾸준한 학습을 통하여 나름대로의 분석 방법과 거래 방식을 개발하는 것이 손실을 최소화하고 이익을 극대화하는 지름길이 될 것입니다.

암호화폐 거래시 세금은 얼마나 내어야 할까요?

죽음과 세금은 인간이 피할 수 없는 것이라고는 하나, 현재 우리나라는 암호화폐에 대한 과세 기준이 없기 때문에 세금을 내지 않습니다. 과세를 하려면 암호화폐를 제도적으로 편입해야 하지만, 2017년 말과 2018년 초에 걸친 암호화폐 투자 광풍이 다시 불까 우려해서 관계당국에서는 암호화폐의 제도화에 소극적입니다. 이러한 제도화의 미비로 암호화폐 거래는 뭔가 해서는 안되는 것을 하는 것 같아 찜찜하기도 합니다.

암호화폐 거래시 주의해야 할 점은 무엇이 있나요?

암호화폐 거래소는 은행이나 증권거래소 등과 달리 규제가 별로 없어 서버가 자주 다운되고, 해킹 사고도 자주 발생하고 있습니다. 하지만 서부시대 금을 찾아 떠난 골드러시처럼 21세기 광부들은 위험이 가득한 엘도라도를 향하여 달려갑니다.

몇 가지 당연하면서도 진부한 조언을 드린다면,

첫째, 어느 투자나 마찬가지지만 잃어서는 안 되는 돈을 투자하면 안 된다는 것은 불변의 진리라고 할 수 있습니다. 무리한 대출이나 빚을 내어 투자하는 것은 멸망의 지름길입니다.

둘째, 최소한 거래하는 사이트의 장단점을 파악하고, 충분히 학습하고 숙달된 뒤에 본격적인 투자를 하시기 바랍니다.

셋째, 암호화폐 거래로 일어난 모든 책임은 본인에게 있다는 점을 명심하시기 바랍니다.

투자인가? 투기인가? 스스로 결정하고 판단하여 성공하시기를 바랍니다.

만원으로 시작하는 비트코인

1판 1쇄 : 인쇄 2018년 9월 18일
1판 1쇄 : 발행 2018년 9월 20일

지은이 : 피터 전
펴낸이 : 서동영
펴낸곳 : 서영출판사

출판등록 : 2010년 11월 26일 제(25100-2010-000011호)
주소 : 서울특별시 마포구 성미산로 187, 아라크네빌딩 5층

전화 : 02-338-0117 팩스 : 02-338-7160
이메일 : sdy5608@hanmail.net

ⓒ2018피터 전 seo young printed in seoul korea
ISBN 978-89-97180-78-3 03320